2021

云南文化和旅游规划设计优秀成果集

云南省旅游规划研究院 ◎ 编

中国旅游出版社

项目策划：武　洋
责任编辑：武　洋
责任印制：孙颖慧
封面设计：武爱听

图书在版编目（ＣＩＰ）数据

2021 云南文化和旅游规划设计优秀成果集 / 云南省旅游规划研究院编 . -- 北京 : 中国旅游出版社 , 2022.9

ISBN 978-7-5032-6990-5

Ⅰ . ① 2… Ⅱ . ① 云… Ⅲ . ① 旅游规划—研究成果—汇编—云南— 2021 Ⅳ . ① F592.774

中国版本图书馆 CIP 数据核字 (2022) 第 120952 号

书　　名：2021 云南文化和旅游规划设计优秀成果集

作　　者：云南省旅游规划研究院　编
出版发行：中国旅游出版社
　　　　　（北京静安东里 6 号　邮编：100028）
　　　　　http://www.cttp.net.cn　E-mail:cttp @ mct.gov.cn
　　　　　营销中心电话：010-57377108，010-57377109
　　　　　读者服务部电话：010-57377151
排　　版：小武工作室
经　　销：全国各地新华书店
印　　刷：北京工商事务印刷有限公司
版　　次：2022 年 9 月第 1 版　2022 年 9 月第 1 次印刷
开　　本：889 毫米 ×1194 毫米　1/16
印　　张：8.25
字　　数：181 千
定　　价：69.80 元
ＩＳＢＮ　978-7-5032-6990-5

2021
云南文化和旅游规划设计优秀成果集
编委会

主 编：蒙 睿

编 委：杨 晓 刘雅萌 苏训美 张文娟 万海波

杨晓旭 张来凤 张 冬 明丽珍

参与编撰单位（按拼音首字母排序）：

昆明赛莱旅游规划设计有限公司

昆明市规划设计研究院有限公司

昆明艺嘉旅游规划设计有限公司

上海交通大学设计研究总院有限公司

上海奇创旅游集团有限公司

深圳沃思设计咨询有限公司

西南林业大学城市设计院

云南省城乡规划设计研究院

云南省设计院集团有限公司

云南省文化产业研究会

浙江大学城乡规划设计研究院有限公司

中国电建集团昆明勘测设计研究院有限公司

2021

云南文化和旅游规划设计
优秀成果集

前　言

　　科学的规划设计对引领、推动旅游高质量发展有重要作用。在云南省文化和旅游厅的指导下，云南省旅游规划设计协会和云南省旅游规划研究院共同组织了 2021 年云南文化和旅游规划设计优秀成果评选活动。此项活动已经连续举办三年，得到了文旅领域内专家学者的大力支持以及众多深耕于云南文旅发展的规划设计单位的热情参与。

　　回顾 2021 年云南文化和旅游规划设计优秀成果评选活动，云南文化和旅游规划设计呈现出不少亮点，彰显了行业特色。主要有以下几个方面：一是更开放、多元、包容的云南文旅规划行业。在评选活动中，我们发现，云南文化和旅游规划设计市场项目数量多、类型丰富，除了旅游发展规划、详细规划等类型之外，主题型规划、专项规划众多，涵盖酒店设计与运营、露营地规划设计、乡村农文旅发展、户外运动线路设计、IP 品牌打造等多种业态的规划。来自省内外的旅游规划与策划、城乡规划、建筑设计、文化研究、环境保护、水利水电设计等领域的单位、机构均参与到文旅规划设计行业中。旅游业态的多元、市场主体的多元、规划设计团队的多元、规划专业的多元，让云南文旅规划设计的内容融合性更强、专业融合性更强，形成了开放、包容的行业景象。二是规划团队趋于年轻化，思维活跃度高。从历次活动组织成果看，文旅规划行业的规划师呈现出年轻化特点，"80 后""90 后"的青年规划设计师是主力。他们思维活跃，注重引入国内外先进规划理念和规划思路，在旅游活动策划、产品策划、IP 打造等一些新颖的、符合现代市场趋势的规划创意上呈现了诸多亮点。此外，不少规划设计团队积极采用大数据分析计算、GIS 等技术方法，使规划更具有科学性和可操作性。三是"旅游 +"与"+ 旅游"规划引领旅游产业新生态。随着旅游产业的转型升级，旅游规划形态日益丰富。一方面，在旅游特色小镇规划、乡村旅游规划等"传统"规划类型的基础上，涌现出《云南省怒江傈僳族自治州怒江流域漂流总体规划（2021—2035 年）》《红河"东风韵"小镇艺术 IP 设计、策划服务》等全新旅游业态专项规划；另一方面，农业 + 旅游、交通 + 旅游、林业 + 旅游、公共服务设施 + 旅游等规划类型大量增加，体现了旅游经济发展新旧动能的转变，也极大激发了云南旅游产业的活力。四是感性规划与理性规划的思维碰撞。随着乡村振兴、国土空间规划等一系列政策的出台以及"主客共享""全域旅游""智慧旅游"等发展理念进一步深入人心，文化和旅游规划设计的理念、方法、技术进一步更新。多个项目从规划方法上，由感性认识向以数据为基础的理性分析转变；从规划内容上，由空间、项目安排向社会、文化、经济、环境保护统筹协调转变。

　　云南文化和旅游规划设计成果总体质量高，但也存在一些问题，这是不能回避的。一是规划缺少"云南味道"，造成"水土不服"。部分规划设计团队没有"吃透"云南文化，对云南的地域特点和文化特色把握不足，将省外规划设计理念生搬硬套，造成规划"水土不服"。二是缺少对顶层政策的深度研究，政策衔接度低。部分规划对于国家文旅融合、历史文化保护、旅游产业转型升级、乡村振兴战略、"多规合一"、国土空间规划等顶层政策设计分析不深，对涉及文旅产业的各项政策的把握和运用不足，造成规划前瞻性不够。三是"为规划而规划"，规划落地难。部分规划没有处理好策划与规划的相互关系，存在有规划无策划或者有策划无规划的问题。部分规划缺少精准的市场分析和客观的空间分析，导致难以落地实施。四是缺少"水平"评价，规划的规范性亟待加强。文化和旅游规划在内容体系、规划语言体系、审批程序等方面缺少法律法规、技术规范指引。尤其是国家层面不再对旅游规划单位资质进行审批备案，需要有新的行业标准和技术标准进一步引导规划市场发展。

　　以上既是云南文旅规划的特点和问题，一定程度上也代表了全国文旅规划行业的变化。旅游业经过四十多年的发展，进入转型升级的深入推进阶段。行业的变化与产业发展息息相关。未来，文旅规划设计行业的目标任务、价值追求、历史使命都将呈现出新的面貌。一是文旅规划的跨界融合渐成趋势。随着各类社会投资主体进入旅游行业中，旅游产业的跨界融合特征进一步强化，必将产生更多的融合型规划。文旅融合、农旅融合、工旅融合、城旅融合、生旅融合乃至科旅融合等规划将增多，对旅游规划设计也提出更高的要求，需要多专业的协同配合。二是主题型旅游规划热度不减。基于旅游产业跨界融合的趋势和消费趋势的变化，乡村旅游、工业旅游、生态旅游、民族文化旅游、自驾游、康养旅游、户外运动旅游、研学旅游、体育旅游、民宿旅游等主题游产品、业态层出不穷。旅游规划设计需要更新颖的创意、更有品质的设计来引领发展。三是理性规划与感性规划双重结合。文化旅游规划既需要有情怀、有创意的策划来面对市场需求变化，又需要深入的历史文化研究、科学的物质空间分析、定量化的数据方法来支撑。未来的文旅规划必然是以理性规划融合感性规划设计来支撑规划建设高质量发展。四是规划评优和规划评价双向发力。旅游规划从城乡规划设计、人文地理研究中分离出来，先天缺少专项的行业技术标准的引导；尤其在取消旅游规划设计单位资质认定、备案后，对规划成果、对规划单位如何评价将成为提上日程的重要问题。对一些相对成熟的规划类型，如乡村旅游、全域旅游、旅游发展规划等，应及时总结、制定行业技术标准；对一些新业态旅游规划类型，如研学旅游等，应加强理论研究。对文旅领域的规划设计单位，可不断探索规划行业评优机制，作为行业鉴定的一种参考和评价；以高水平的规划、高质量的规划设计成果引领旅游发展。

编　者

2022 年 5 月

目　录

2021

云南文化和旅游规划设计
优秀成果集

大理市环洱海休闲旅游度假规划（2020—2035 年）

——打造高原湖泊生态休闲度假旅游典范区 [1]

　　大理市是全国著名旅游城市、国家首批全域旅游示范市、国家历史文化名城、中国首批十大魅力城市之一。旅游产业的发展壮大对环洱海区域基础设施完善、旅游产品创新供给、旅游市场整治和生态环境保护都提出了新的考验。 2016 年，大理市被列入首批创建"国家全域旅游示范区"名单，其旅游产业发展进入全面提质增效的阶段。大理市旅游主管部门把握机遇，按照全域布局、全业融合、全民参与、全新发展的思路，组织编制了《大理市环洱海休闲旅游度假规划（2020—2035 年）》，努力将大理市建设成为独具特色的国家全域旅游示范区，实现旅游产业转型升级。本次规划旨在以加强洱海保护为核心，以协调环洱海区域的保护与开发为重点，在遵循生态保护和旅游业发展特点的基础上，推动环洱海区域旅游休闲度假的高质量发展，实现洱海旅游产业的跨越式发展。

[1] 编制单位：云南省设计院集团有限公司
　　　文稿执笔人：张云柯、李德强、陈鹏

一、规划背景

结合环洱海地区的旅游资源特性，良好的生态湿地、优美的高原湖泊风光、历史文化古镇、港口码头、生态渔村等资源条件，环洱海地区成为休闲旅游度假的重点发展区域，《大理市环洱海休闲旅游度假规划（2020—2035年）》提出建设"国际一流城市、打造环洱海休闲度假圈"，积极推进"一镇一品，一村一特色"的发展策略。但是目前环洱海地区缺乏相应的规划指导，无法从洱海保护、规范旅游行为、提升旅游品质、完善旅游设施等方面进行引导，阻碍了环洱海地区休闲旅游度假的发展。

为解决推动环洱海休闲旅游度假发展，积极推动环洱海地区旅游生态设施建设，合理布局旅游配套服务业，对旅游配套服务业发展数量、质量做出规范性要求，引导旅游业的有序合理发展，该规划从保护洱海生态环境、旅游基础设施提升改造、促进环洱海地区旅游产业发展、推进旅游城乡体系的构建、完善旅游交通体系、完善旅游服务设施等七个方面开展规划研究（见图1）。

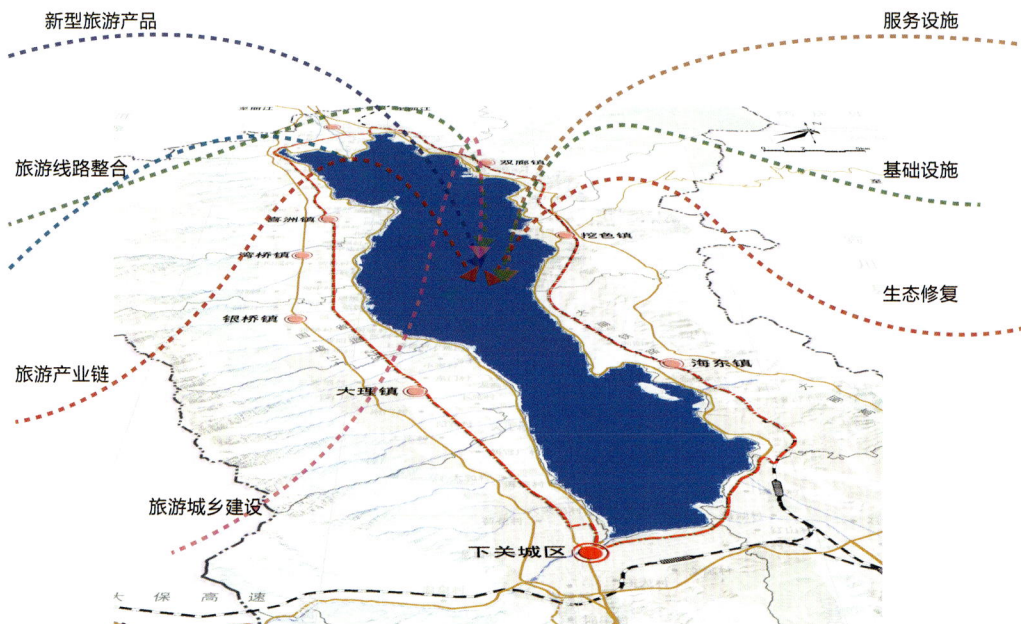

图1 规划重点

二、思考过程

（一）规划范围确定

规划范围：西、北均可至大丽公路，东至大丽铁路，南到机场路，总用地面积约370平方千米，其中洱海水域面积252平方千米，陆域面积115平方千米。规划范围涉及大理市11个乡镇中的10个（即下关镇、凤仪、大理、海东、挖色、双廊、上关、喜洲、湾桥、银桥），其中，喜洲、上关、双廊、挖色四镇的中心集镇位于规划区内。

研究范围为整个大理市域范围，总用地面积1815平方千米，包括下关镇、大理镇、凤仪镇、海东镇、挖色镇、双廊镇、上关镇、喜洲镇、湾桥镇、银桥镇和太邑乡。

（二）规划期限

近期：2020—2025年。远期：2025—2035年。

（三）规划重点

通过现状调研，我们提出本次规划的重点为以下几方面。

1. 保护洱海生态环境

积极推动环洱海地区旅游生态设施建设，合理布局旅游配套服务业，对旅游配套服务业发展数量、质量做出规范性要求，引导旅游业的有序合理发展。

2. 旅游基础设施提升改造，引导旅游从重点集聚到全域分散

引导各乡镇的旅游环境容量发展；规划容量配套的旅游基础设施，引导旅游产业适度发展。建设旅游基础设施，探索智慧旅游；优化旅游交通及旅游线路，满足多样化出行需求。

3. 促进环洱海区域旅游产业可持续发展

以建设"国际一流城市、打造环洱海休闲度假圈"为目标，将环洱海地区旅游产业发展立体化，形成以休闲、度假为主题，以一二三产业为依托的旅游圈，促进旅游产业的转型与升级，实现环洱海地区旅游产业跨越式发展。

4. 推进旅游城乡体系的构建

突出环洱海地区"一镇一品，一村一特色"城乡旅游业发展格局，促进城乡旅游特色化发展。

5. 完善旅游交通体系

按照低碳经济的原则，《大理市环洱海休闲旅游度假规划》构建了环洱海区域的旅游交通体系；重点完善环洱海慢行系统，并构建以自行车、电动观光车为主的绿色交通线。

6. 完善旅游服务设施

以完善"食、住、行、游、娱、购"旅游六要素功能为重点，分区域、分特色发展重点旅游产业要素和旅游服务，避免恶性竞争。

三、核心规划思路

（一）技术路线

通过项目背景分析，综合旅游发展条件，确定目标定位，提出发展策略，引导休闲旅游度假产业发展，打造旅游产品开发与策划，引导镇旅游发展、环境保护与生态建设规划，提出近期建设（见图2）。

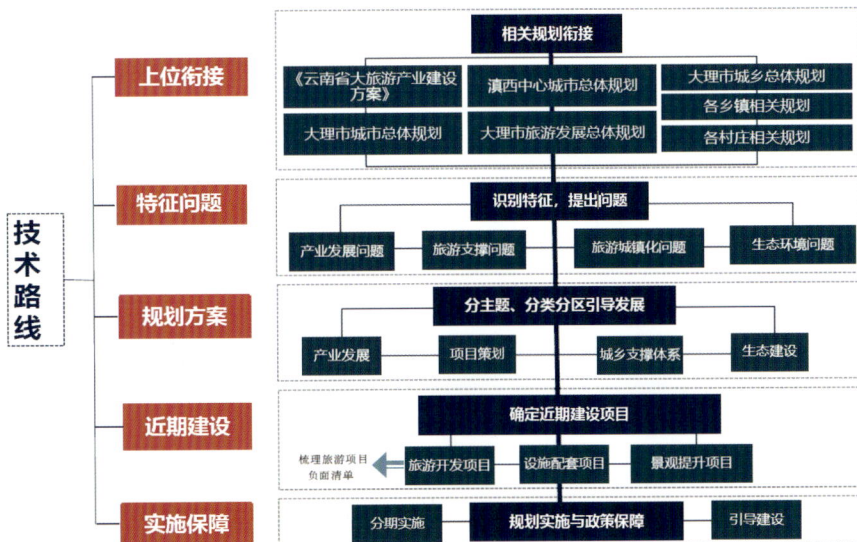

图2　规划技术路线

以洱海生态保护为核心，休闲度假旅游业为起点，着力推动环洱海周边旅游要素产业全面发展，形成具有国际知名度的高原湖泊生态休闲度假旅游典范区。将环洱海休闲旅游度假区打造成国际知名的休闲度假旅游胜地、中国高原湖泊城乡协调发展典范区、滇西中心城市的文化魅力展示窗口。

（二）总体发展策略

以环洱海承载能力、环境容量为基础，科学测算环洱海旅游承载力衔接统筹规划，科学控制生态底线，加强生态建设，做生态旅游；提升旅游产业层次，丰富旅游业态、完善休闲旅游度假产品体系；完善旅游配套设施，优化旅游设施空间布局，合理调控设施容量分布。

主要包括：休闲旅游度假产业发展策略；生态旅游与旅游可持续发展策略；旅游文化品牌提升策略；完善旅游设施功能策略；旅游交通策略；智慧旅游策略。

（三）发展思路

1. 旅游产业链延伸

旅游产业关联性极强、涵盖了第一、第二、第三等众多产业群体，本身具备了产业集群的特征，而且产业内部各行业之间由于专业化分工和协作，也使旅游产业较其他产业更容易形成产业集群。

2. 泛旅游产业融合

以旅游产业为核心的产业集群是由旅游核心产业（旅游产业本身）、旅游相关产业（为旅游增加体验、消费型产品，主要体现为横向联系的产业）和旅游支持产业（为旅游产业提供基础支持，主要表现为纵向联系的产业）三部分构成。

3. 消费与产业集群

构建环洱海旅游产业集群，选取具有发展潜力、带动性强的核心吸引物来构筑旅游产业链，以垂直或者水平方式整合各种相关要素形成旅游产业集群，通过旅游产业集群发展，增强环洱海旅游休闲度假产业的整体优势，实现环洱海旅游休闲度假产业的可持续发展。

（四）休闲旅游度假产业集群打造

1. 国际田园花海旅游产业集群

环洱海国际田园花海旅游产业集群是基于有机农业、花卉产业发展，以"有机农业"为基础，积极推广有机农业种植，建设绿色无公害农业示范区；以"花卉产业"为特色，推广大理杜鹃、茶花、兰花等特色花卉文化，完善大理花卉产业链，通过完善配套设施、公共服务设施、开拓旅游发展途径，促进田园花卉休闲旅游度假产业的转型升级。

以田园资源为基础，以环洱海花田为亮点，是集试验示范、生产经营、科普博览旅游、观光健身、休闲娱乐、生态环保等功能于一体的休闲度假旅游示范区。

2. 历史民族文化旅游产业集群

环洱海历史民族文化旅游产业集群以"大理历史文化名城""喜洲历史文化名镇"等历史民族文化聚集地区为依托，结合特色村镇与民俗活动，策划传统手工艺节、三月街、火把节、三道茶等文化活动，积极进行历史文化走廊建设，展示民族风格与地域特色。

以历史文化、民族文化资源为基础，突出环洱海地区历史民族文化特质，形成集高端文化演出观光、历史民族文化观光体验、民族生产生活体验、民族节日风俗体验、民族美食享受、民族休闲娱乐等功能于一体的历史民族文化休闲度假旅游区。

（五）休闲旅游度假产业空间布局

根据环洱海地区各乡镇旅游资源，规划环洱海休闲旅游度假产业空间布局，形成"一核、两带、五区、多节点"的空间布局结构（见图3）。

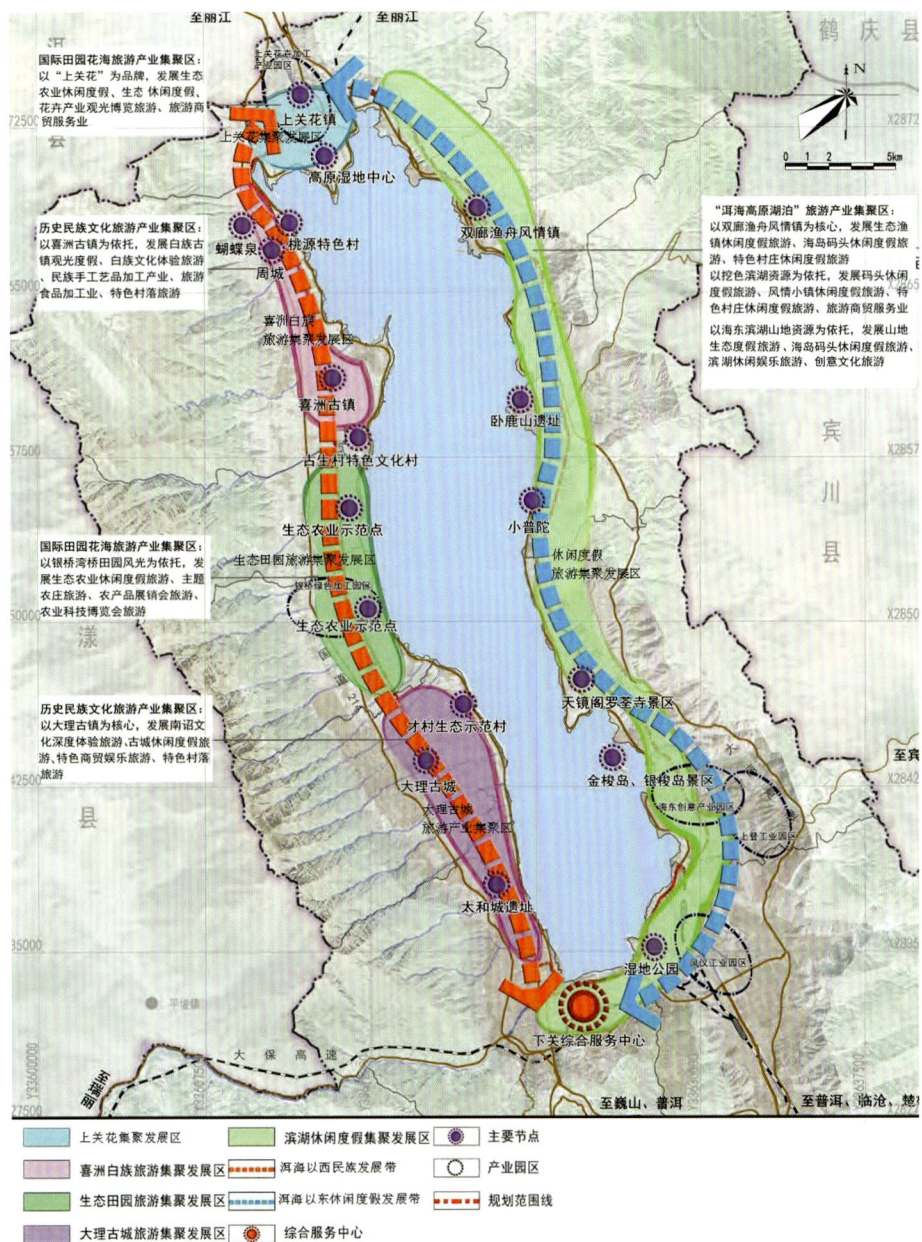

图3 休闲旅游度假产业空间布局规划

一核：下关旅游服务中心。

两带：洱海以西民族—田园发展带；洱海以东休闲度假发展带。

五区：上关花集聚发展区；生态田园旅游集聚发展区；喜洲白族旅游集聚发展区；大理古城旅游集聚发展区；高原湖泊休闲度假集聚发展区。

多节点：环洱海周边主要景区景点。

（六）旅游产品开发

大理市旅游资源大部分集中于环洱海区域，旅游资源丰富，从环洱海现状旅游产品及可开发资源可以看出：环洱海区域旅游产品以观光旅游类产品为主，文化旅游类和特色旅游类产品丰富，但是总体旅游资源等级较低，环洱海区域各乡镇缺乏对度假旅游类、康体休闲类和商务旅游类产品的开发。本次规划着重构建在洱海生态承载的基础上，以补齐设施为重点，同时构建休闲度假旅游产品为主，文化类旅游产品、观光旅游产品为辅，其他特色专项旅游为补充的多元旅游产品体系。

（七）环洱海旅游城乡体系发展引导

结合乡村振兴战略，加强旅游城乡体系建设，按照城市旅游化区域、特色旅游小镇、旅游特色村三个层次，构建环湖城镇旅游体系，统筹城乡发展。

规划形成"1 个城市旅游化区域、5 类特色旅游小镇、23 个特色旅游村"的大理市旅游城乡体系结构。

1 个城市旅游化区域——下关中心城区与大理古城片区。

5 类特色旅游小镇——大理古镇型旅游小镇、喜洲民族文化休闲型旅游小镇、双廊休闲度假型旅游小镇、海东山地生态休闲度假型旅游小镇、挖色田园主题度假型旅游小镇。

23 个特色旅游村——洱滨村、才村、龙龛村、阳波村、马久邑村、磻溪村、上阳溪村、桃源村、喜洲村、上关村、金河村、河尾村、大营村、东沙坪村、大建旁村、青山村、长育村、康廊村、海印村、金梭岛村、文武村（和曲村）、文笔村、南村。

（八）环境保护风貌引导

1. 洱海保护规划

洱海水体保护：全面抓实流域"两违"整治、村镇"两污"整治、面源污染减量、节水治水生态修复、截污治污工程提速、流域执法监管、全民保护洱海。还包括地表河流治理、农村污水治理。

2. 苍山保护规划

严格按照《云南省大理白族自治州苍山保护管理条例（修订）》及《云南省大理白族自治州洱海保护管理条例（修订）》等法律法规对苍山洱海风景区进行保护。对苍山防火防灾、苍山管护、建立长效巡查管护机制、鼓励社区参与生态环境保护做出要求。此外，还包括村落生态保护规划、生物环境保护规划等内容。严格按照保护规划所划定的空间功能分区进行民宿客栈开发，苍山、三塔、石钟山石窟、洱海等重要景点严格控制民宿客栈数量，严格控制民宿客栈的建设地点和规模。

3.景观风貌管控

大理市域整体风貌意象体现为"白族、山水、田园、古村"，保护大理乡村传统文化，顺应村庄传统肌理和民族特色，民宿客栈建设需严格保护和传承传统村落、古民居和当地传统（白族）建筑风貌，体现青瓦白墙的白族民居建筑风格；突出依苍山、伴洱海、临十八溪的村庄总体自然环境，保持山地、坝区的自然形态与风貌特点，保护海西等区域的整体田园风光。位于山区、坝区、滨水区域的村庄内民宿客栈，充分突出各自特点，形成"显山露水"、亲自然的"山、水、田、村"的景观界面。

四、项目特色及亮点

规划特色及亮点 1——立足洱海生态环境保护，促进旅游可持续发展。规划充分以习近平总书记的"一定要把洱海保护好"的核心指引，核准环洱海旅游承载能力与环境容量，衔接统筹规划，控制生态底线，加强生态建设，做生态旅游，积极推动环洱海地区旅游生态设施建设，合理布局旅游配套服务业，对旅游配套服务业发展数量、质量做出规范性要求，引导旅游业的有序合理发展。

规划特色及亮点 2——加快旅游基础设施提升，合理规划旅游容量。引导旅游从重点集聚到全域分散，以"大理就是一个景区"发展思路，不断引导大理全域旅游发展；规划容量配套的旅游基础设施，引导旅游产业适度发展。建设旅游基础设施，探索智慧旅游；优化旅游交通及旅游线路，满足多样化出行需求。

规划特色及亮点 3——推进旅游城乡体系构建，促进全域旅游特色化发展。突出环洱海地区"一镇一品，一村一特色"城乡旅游业发展格局。结合乡村振兴战略，按照城市旅游化区域、特色旅游小镇、旅游特色村三个层次，构建"1 个城市旅游化区域、5 类特色旅游小镇、23 个特色旅游村"旅游城乡体系建设，统筹城乡发展。

规划特色及亮点 4——促进环洱海地区旅游转型升级，推进旅游产业平稳健康发展。将环洱海地区旅游产业发展立体化，形成以休闲、度假为主题，以一、二、三产为依托的旅游圈，不断延伸旅游产业链，推动泛旅游产业融合，构建消费与产业集群。通过旅游产业集群发展，增强环洱海旅游休闲度假产业的整体优势，实现环洱海旅游休闲度假产业的可持续发展。

规划特色及亮点 5——推动"互联网 +"智慧旅游，创新旅游产品业态。深化智慧旅游信息化工程，加快大理旅游融入"一部手机游云南"建设。推进三大通信运营商以及天涯社区、海航云科技、阿里旅行、马上游、同程网等企业的战略合作，同时签署《关于共同推进"旅游 + 互联网"战略合作协议》；配齐一张屏（触摸屏），建好两个网（无线宽带网和自在大理旅游网），开发三个系统（自助导游讲解系统、城市自助导览系统、网络虚拟旅游系统），推进四个数字（数字景区、数字酒店、数字旅行社、数字乡村），推出一卡一亭（一卡通和大理礼物网上特色商亭）。

2021

云南文化和旅游规划设计
优秀成果集

德宏州梁河县全域旅游发展规划

——全域旅游发展规划中的特色资源 + 全景模式探索 [1]

　　全域旅游既是国家战略，又是全国旅游产业发展的总纲。县域是全域旅游发展的基本单元，在云南省全力推进旅游产业转型升级，大力打造世界一流健康生活目的地、国际康养旅游示范区的战略背景下，如何推进有条件的县域全域旅游的发展，以助推"云南只有一个景区，这个景区叫云南"发展目标的实现成了紧迫而又具有重要理论价值与现实意义的重要课题。《德宏州梁河县全域旅游发展规划》通过全面对标和大旅游资源的系统盘点，因地制宜构建了"特色资源 + 全景覆盖"的梁河全域旅游发展新模式，并提出了具体的发展思路、发展路径、融合重点、项目支撑等内容，对梁河全域旅游的发展起到了很好的指导作用，同时也对类似县域全域旅游的发展具有一定的启示和裨益。

[1]　编制单位：云南省旅游规划研究院暨中国旅游研究院昆明分院
　　　昆明赛莱旅游规划设计有限公司
　　　文稿执笔人：高尔东、魏玉满、雷宇

一、规划背景

按照"国际化、高端化、特色化、智慧化"的发展目标和"云南只有一个景区，这个景区叫云南"的理念，加快全域旅游发展，把云南建设成世界一流旅游目的地，2018年，云南省人民政府办公厅印发了《关于促进全域旅游发展的实施意见》，明确要"重点推动实施50个国家、省级全域旅游示范区创建"。地处德宏州的梁河县既是葫芦丝文化的发源地，又是阿昌族的主要聚集地；既是素有"植物燕窝"美誉的滇皂荚的主产地，又是德宏州唯一古镇的所在地，禀赋有清新俊秀的生态环境、广袤秀丽的田园景观、氤氲生态的精致温泉、缤纷多彩的民族风情、珍馐美味的特色美食、静谧盎然的古朴村寨、源远流长的历史文化、地道健康的农特产品、丰富独特的中医药等特色旅游资源，且背靠腾冲、直通瑞丽，具备发展全域旅游的条件。但由于核心旅游资源转化路径不畅、旅游产品散小、旅游产业发展仍处于起步阶段，属典型的"价值洼地"，亟待以新理念为引领实现发展新突破。

二、项目特点

作为传统的农业大县和少数民族聚居区，地处高黎贡山西麓、大盈江上游、腾冲市和瑞丽市滇西两大核心旅游目的地连接线上的梁河县属于典型的旅游资源优质区，但旅游产业发展长期逡巡不前，一直在"低位"徘徊，终其根源即在于发展理念更新缓慢、缺乏龙头项目引领，导致特色资源优势释放不够、旅游吸引力弱，一直都是尴尬的过境地。因此，如何以全域旅游发展理念为指导，创新全县旅游产业发展新模式、新生态，并以鲜明的旅游目的地形象充分融入区域旅游发展大格局，以实现"洼地崛起"，成为《德宏州梁河县全域旅游发展规划》编制的重中之重。

三、规划构思

（一）初识梁河

宏大的胜景格局：处处田园画，满目山水韵。

一流的自然环境：海拔、气温、日照、降水、森林覆盖率。

缤纷包容的文化：阿昌文化中心地、葫芦丝文化发源地、土司文化精华地、汉文化遗存地、多民族文化荟萃地。

琳琅满目的特产：皂角米、回龙茶、白花油茶、道地大米、蜂蜜、绞股蓝、小蜜梨、谷花鱼、小红鱼。

（二）透视梁河

乡村田园：给予了梁河悠远静好的生活意境

缤纷民俗：赐予了梁河厚重隽永的文化质感

生态山水：赋予了梁河丰富厚重的遐想空间

美食特产：给予了梁河大气富足的文明意向

风物节事：给予了梁河异彩纷呈的人文气象

（三）梁河愿景

一幅底色图景：山水田园

一个发展主题：康体养生

一种体验方式：深度慢游

一种氛围场景：休闲度假

（四）突破策略

位置决定价值： 入格局——在产业发展上积极融入腾冲，实现一体化发展；在产业定位上全面高位对接全省，实现共振化。

环境决定品质： 保基础——以生态为根基，实施生态保育，构建"梁河生态指标"，增强硬实力。

田园决定颜值： 丰创意——立足农业大县比较优势，培育包装绿色品牌，强化景观创意与景观优化。

文化决定潜值： 强定睛——主打阿昌族文化，创意葫芦丝文化，做大美食文化，引入时尚文化，联动其他文化。

品牌决定总值： 扩张力——聚合优势，合力一处，培育大健康新产业体系。

四、规划主要内容

（一）思路定位

1. 发展思路

按照全域旅游示范区创建工作要求与评定标准，立足梁河县作为中国葫芦丝之乡、阿昌族之乡的文化知名度和影响力，整合梁河县高品质的休闲度假资源、丰富的乡村旅游资源、多样的产业旅游资源和具有地域特色的文化旅游资源，按照"快进慢游，深体验，全健康"的要求，加速"+旅游"融合，加快"山—林—城（村）—田"互动，进一步优化空间布局、培育吸引物群、健全公共服务、丰富产品体系、提升旅游环境、完善体制机制，将旅游业打造成梁河县经济发展的主导产业，把梁河县打造成以养生养老和健康食品生产为核心的国内知名的健康生活旅游目的地，以葫芦丝文化和阿昌族文化为主题的特色鲜明的全域旅游示范县；将梁河县打造成文旅融合助推民族团结进步的示范区、休闲度假引领的绿色经济示范区、全国休闲农业与乡村旅游示范县和云南省"三张名片"打造的先行创建区。

2. 发展定位

以"创新、协调、绿色、共享、开放"理念为指导，贯穿全域旅游发展主题，整合文、山、水、乡、城、田、林等旅游资源，以构建全域化的旅游服务体系为支撑，通过创意优美的景观环境、创造优雅的文化环境、营造优质的服务环境，将梁河县打造成以健康旅游目的地为统领，集文化体验、温泉养生、生态养生、田园养生、乡村养生、医疗（中医药）养生、美食养生、康体运动、研学旅游、农业休闲等于一体的，实现生态、生产和生活共生发展的，有特色、高品位、高收益的现代田园城市和康养度假乐园。

（二）空间布局

立足梁河县的重点旅游资源分布、交通格局等综合因素，在充分考虑未来旅游发展大趋势的基础上，以"明星资源带动、辅助资源随动、全县整体联动"为主脉络，围绕"发展方向新适应、产业发展新转型、项目建设新型化、功能结构合理化、建设发展品牌化"的发展思路，按照"着力构建核心资源高效利用、主体功能定位清晰、产业集群集聚发展和旅游经济互补共赢"的主旨，谋划梁河县全域旅游发展布局结构，即两心一轴一带三区（见图4）。

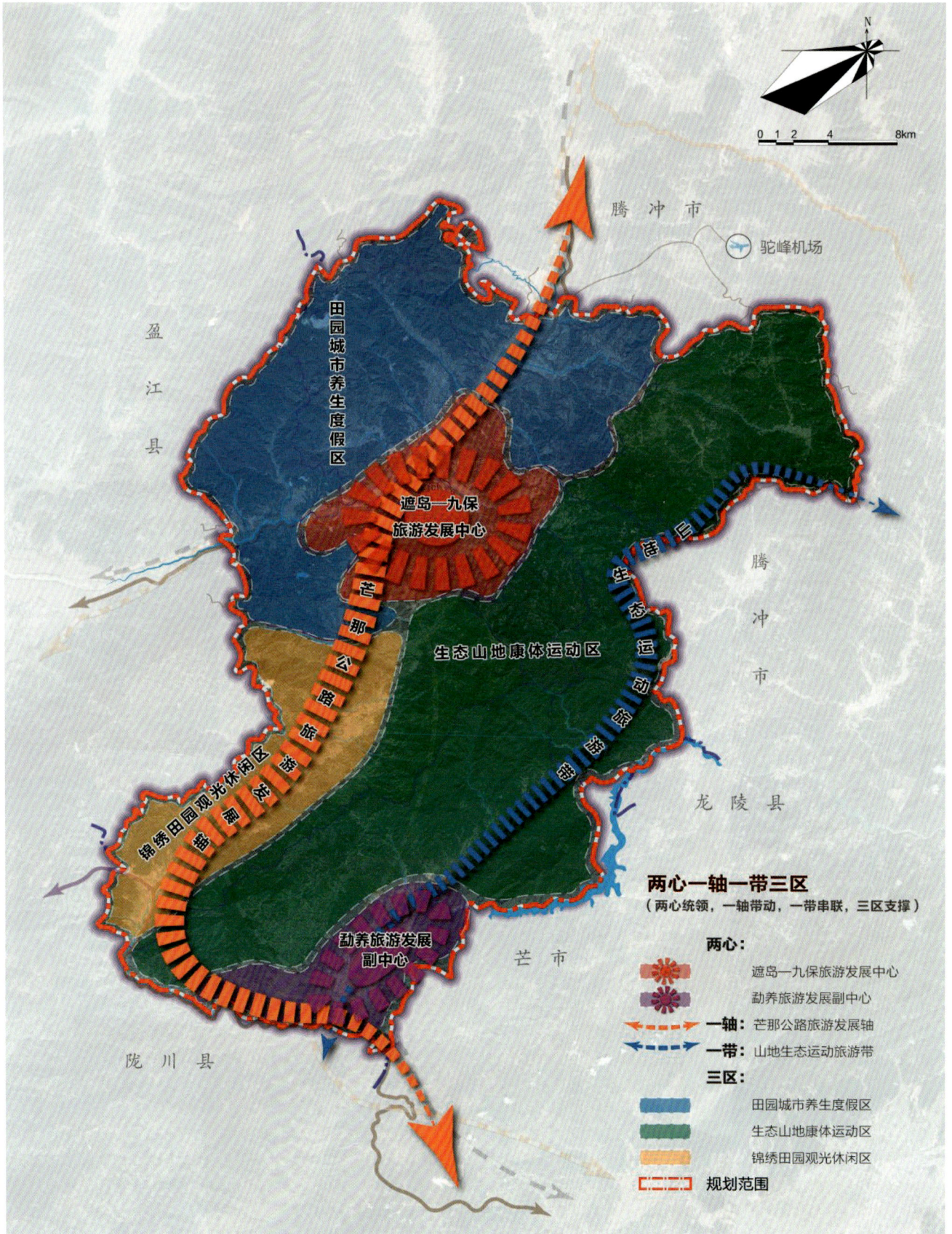

图4 梁河县全域旅游发展空间布局

（三）项目体系

按照规划明确的发展思路与发展定位，课题组谋划了覆盖全域、层次分明的目的地体系，包括两大龙头引领项目，即九保古镇－南甸宣抚司署文化旅游区和葫芦丝文化旅游区；五大重点支撑项目，即阿昌文化公园、遮岛田园健康城、芒东国家农业公园、三岔河森林运动休闲区和丙赛温泉露营综合体；六大优选精品项目，即龙窝温泉旅游度假区、勐竜田园综合体、山地乡村运动公园、山地呼吸小镇、回龙寨乡村旅游综合体和来利山国家森林公园；八大现代农业庄园，即瑞泉玫瑰庄园、滇皂荚养生庄园、沙坝河鲜庄园、界岭沃柑庄园、竹坪山红花油茶庄园、安乐亚热带水果庄园、生龙无性近自然生态养生庄园和小寨子古茶树养生庄园；十五个旅游特色村，即桥头村、傈僳部落、丙盖村、热水塘村、邦读村、红茂村、大树寨、蚌摆村、罗岗村、帮歪村、罗新寨、荷花村、梨花村、三岔河村和石岩脚村（见图5）。

（四）产品体系

坚持两条腿走路。一是要立足葫芦丝之乡、阿昌族之乡以及土司文化、古镇文化等单体优势文化旅游资源，做大、做强、做精、做靓、做细文化旅游，重点打造文化观光、文化体验、文化演艺、文化创意、节庆活动、研学旅游等产品；二是要立足山水田园大生态基底与格局，系统整合田园、温泉、乡村、气候、物产、文化等资源，主打大健康旅游产品，构建集田园养生、生态养生、气候养生、温泉养生、美食养生、医疗养生、康体运动等于一体的大健康产品体系。

（五）大健康旅游产业链构建

1. 积极引导高品质健康服务业的发展

一是要以"养"为核心，积极发展休闲养生和健康养老产业。重点要将梁河县傣族、阿昌族等的特色中医药优势与健康管理相结合，探索融健康文化、健康管理、健康保险为一体的中医健康保障模式，大力发展民族特色中医药健康服务业，并试点推进"药食同源"；要支持建设一批养老服务业与旅游、医药产业、房地产、绿色农业、文化体育等产业融合发展的重大项目，积极发展健康养老产业；要以休闲度假旅游为引领，融入健康养生元素，促进旅游业与优质医疗机构、疗休养机构加强合作，推出温泉养生、田园养生、乡村养生、气候养生、中草药养生、森林养生、文化养生、生态养生、美食养生等特色产品，加快建设一批健康旅游小镇、街区、养疗主题酒店和示范基地。

二是要以"健"为特色，着力培育发展休闲体育和健康管理服务业。重点要按照"功能配套、设施完善和服务标准"的原则，推动户外徒步线路、健身步道和自行车骑行慢道的建设，促进体育健身与休闲旅游深度融合，构建覆盖全县的休闲骑行风景道体系；要充分利用全县各个区域的公园绿地等，建设一批社区健身休闲设施；要积极对接引入国际级、国家级赛事，打造一批品牌赛事和年度大型节庆活动；要发展普及性广、关注度高、市场空间大的运动项目，扩大本土特色的传统体育健身活动影响力；要推动全民科学健身服务进入健康、康复、慢性病预防等领域。

三是要以"康"为重点，大力培育疗休养及康复护理业。重点要以治未病作为疗养康复的重点，依托梁河县独特的环境资源、民族医药、健康食品等，

河西乡
【资源支撑】丙赛温泉、红茂村、金塔公园、邦读村、二古城、来利山、孔明庙、中草药等。
【发展目标】生态休闲旅游小镇。

囊宋乡
【资源支撑】阿昌族文化、田园景观、瑞泉玫瑰庄园、马茂村水果种植基地、关璋新村、腊鸠崩、大勐藏村、热水塘村等。
【发展目标】民族文化旅游城镇，国家级文化生态保护区。

九保乡
【资源支撑】九保古镇、李根源故居、阿昌族文化、沙坝新村、丙盖村、龙盘新村、古梅树庄园、亚热带水果等。
【发展目标】省级历史文化名镇，文化旅游小镇。

遮岛镇
【资源支撑】南甸宣抚司署建筑群、金塔温泉小镇、龙窝温泉、大盈江风光、田园景观、南甸玉潭、避寒气候、先生书院和桥头村等。
【发展目标】云南省美丽县城，国家级康养小镇，田园慢城。

平山乡
【资源支撑】大尖山、茶马古道、生龙良种茶场、罗新寨、仙人洞温泉等。
【发展目标】山地乡村户外运动旅游区。

小厂乡
【资源支撑】生态茶园、岩脚村、友义樱桃庄园、勐蚌村、三岔河林场、油竹坝水库、铓鼓山、弘阳寺、避暑气候、云海等。
【发展目标】生态旅游小镇。

大厂乡
【资源支撑】回龙寨、回龙茶、茶园景观、仙人脑、荷花村、梨花村、永安寺、小蜜梨、绞股蓝、黑毛猪、民国街、梁河特委旧址、棕包米、避暑气候等。
【发展目标】森林乡村，呼吸慢村，生态运动旅游小镇。

芒东镇
【资源支撑】田园风光、优质大米、避暑避寒气候、甘蔗、东山梁子、傣族文化、拱母新村（景颇族）、大树寨、保安寺、蚌摆村、竹坪山油茶种植基地、小寨子古茶林、帮别温泉、青龙山等。
【发展目标】农业特色小镇，国家农村产业融合发展示范园。

勐养镇
【资源支撑】葫芦丝文化、傣族文化、帮盖村、哏德全故居、底养温泉、弄另水电站、芒棒大榕树、帮歪村（景颇族文化）、界岭沃柑种植基地、田园景观、勐养江、亚热带气候与水果、优质大米等。
【发展目标】中国最美休闲乡村，国家一二三产业融合示范区。

腾冲市 🛬 驼峰机场

囊宋阿昌族乡

河西乡

盈江县

九保阿昌族乡

梁河
遮岛镇

平山乡

小厂乡

大厂乡

芒东镇

腾冲市

陇川县

勐养镇

芒市

0 1 2 4 8km

N

图例
- ▬▬▬ 规划范围
- ～～～ 河流
- ▬▬▬ 高速公路
- ▬▬▬ 高速公路（在建）
- ▬▬▬ 道路
- ⊚ 乡镇

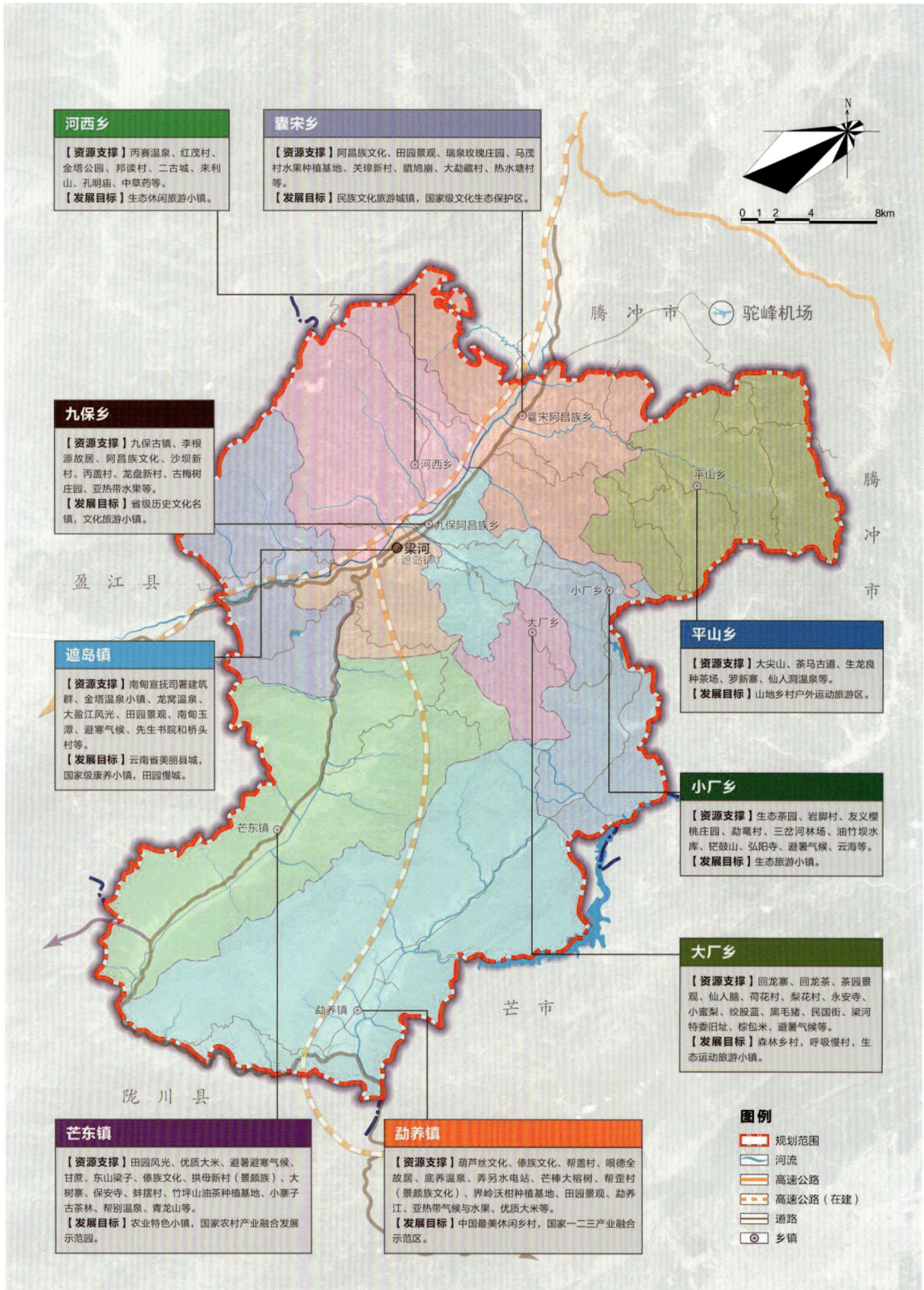

图5　梁河县全域旅游发展各乡镇指引

打造"医疗＋休养＋养生＋康复"的疗休养新模式，大力支持发展疗休养产业；要引导社会资本进入养老服务领域，支持开办养老机构，并按照有关规定开办老年病医院、康复医院、护理院、中医类医院等；要鼓励引进康复机构，发展康复护理、老年护理等适应不同人群需要的护理服务。

四是要以"医"为依托，培育发展高端特色医疗及相关第三方服务业。 重点要健全农村三级医疗卫生服务网络建设，加大县级医院、乡镇卫生院、社区卫生服务中心（站）、村卫生室的建设力度，夯实医疗服务基础，提高服务能力；要按照国家县级医院服务能力要求，提升梁河县医院的服务能力，完善紧急医学救援体系，加强设施设备配置，构建覆盖全县的全天候急救网络；要全面加强全县的公共卫生服务体系建设，加快建立健全政府主导、多部门配合和全民动员的慢性病综合防控机制，提高妇幼、老年人、残疾人等重点人群健康服务保障水平；要鼓励社会力量以出资新建、参与改制等多种形式投资医疗领域。

2. 大力推动健康农业特色发展

一是要优化健康农业产业结构，推动特色农业规范化、规模化、品质化和绿色化发展。 重点要加大对优质大米、生态茶叶、滇皂荚、绞股蓝、魔芋、菌类等优势产业的支持力度；要加强健康农产品质量检测，建立质量追溯制度，保障产品质量；要做精做优具有绿色健康食品功效的亚热带作物和水果瓜菜品种，突出营养和健康导向，全面推进农业产品结构调整，打造健康食品生产基地；要以农业科研院所和龙头企业为主体，建设标准化特色果品、热带作物基地；要培育家庭农场、合作社、专业大户和龙头企业等新型经营主体，推动"企业＋基地""企业＋基地＋农户"等新兴经营模式，提高组织化水平；要加快培育健康农业龙头企业，助力打造茶产业、滇皂荚、水稻和中草药四条循环产业链，推动梁河健康农业提质增效。

二是要推动"健康＋现代农业"融合发展。 重点要紧抓乡村振兴和美丽乡村建设机遇，以特色小镇和美丽乡村为载体，将健康农业发展融入乡村振兴战略，打造"大健康＋农业"融合发展体系；要利用优质大米、滇皂荚、茶叶、油茶等特色种植资源，挖掘历史遗产、民族村镇、养生文化、民风民俗等文化，开发各具特色的休闲农业业态和产品，发展特色健康休闲农业；要将健康农业发展融入乡村振兴，支持面向脱贫地区建立经济效益好、市场成熟的健康农产品生产基地，大力发展健康农产品种植、管理和加工，加大脱贫地区健康农产品推介营销支持力度，以健康农业全产业链增值带动脱贫地区农户稳定增收。

3. 促进健康制造业做大做强

一是要以生物药和制剂为重点，推动医药产业高水平发展。 重点要立足梁河县的医药产业基础，支持制药产业做大做强，培育特色品牌，重点开发中药饮片、生物制药、生物制品、生物保健品等。

二是要拓展多样化健康产品制造产业链。 重点要推动健康农业与健康制造业融合发展，依托亚热带动植物资源、生物资源、农业资源，发展特色保健品制造业，开发多样化、高附加值的保健药品、保健化妆品、营养健康食品等。

五、主要成效

按照《国家全域旅游示范区验收标准（试行）》和规划明确的发展思路、发展定位、空间布局与项目设置，梁河县委县政府及时补短板、强弱项，并制定了《梁河县人民政府关于进一步推进全域旅游发展的意见》《梁河县人民政府关于进一步加快推进葫芦丝全产业链高质量发展的实施方案》等。同时全面推进了南甸宣抚司署的保护修缮，推进了南甸伴山温泉小镇、土司文创步行街、底养温泉半山酒店等项目的落地建设，实施了红茂村、荣军疗养院等项目的提升改造，全县的旅游体制机制改革进一步推进，旅游产品类型供给进一步丰富、质量进一步提升，旅游公共服务设施进一步完善，全民参与旅游开发的意识与氛围进一步提升，并于 2021 年经云南省文化和旅游厅组织专家实地验收、综合评定后认定为云南省级全域旅游示范区。

云南省"十四五"时期公共文化服务体系建设规划

——以高质量公共文化服务助推云南文化强省建设 [1]

公共文化服务是实现好、维护好、发展好人民群众基本文化权益的主要途径。伴随公共文化服务体系，公共文化服务发展进入高质量发展新阶段。推动公共文化服务高质量发展，是进一步深化文化体制改革、发展社会主义先进文化的重要任务，也是让人民享有更加充实、更为丰富、更高质量的精神文化生活，保障人民群众基本文化权益，满足对美好生活新期待的必然要求。"十三五"期间，云南省公共文化服务体系建设取得了显著成效，但与国家和省建设标准相比，与人民群众日益增长的美好文化生活需求相比，云南省公共文化服务体系建设欠账多、底子薄，补短板、强弱项、填空白的任务还很重。为加快推进云南省公共文化服务高质量发展，特编制《云南省"十四五"时期公共文化服务体系建设规划》，以规划引领云南"十四五"时期公共文化服务高质量发展。

[1] 编制单位：云南省文化产业研究会
  文稿执笔人：于良楠

一、规划背景

"十三五"期间，云南省坚持人民至上、以人民为中心，以促进公共文化服务标准化、均等化为重点，加强公共文化设施建设，增加公共文化服务供给，提高公共文化服务水平，增强群众文化获得感，为打赢脱贫攻坚战、全面建成小康社会提供了强有力的文化支撑。但是，与人民群众日益增长的美好文化生活需求相比，云南省公共文化服务体系建设欠账多、底子薄，补短板、强弱项、填空白的任务还很重。根据习近平总书记关于"着力提升公共文化服务水平，让人民享有更加充实、更为丰富、更高质量的精神文化生活"的重要论述，围绕高举旗帜、聚民心、育新人、兴文化、展形象的使命任务以及2035年建成文化强国的远景目标，参照文化和旅游部《"十四五"公共文化服务体系建设规划》，结合云南发展实际，编制本规划。

二、规划重点特点

《云南省"十四五"时期公共文化服务体系建设规划》以高质量发展为主题，以深化供给侧结构性改革为主线，以改革创新为动力，以满足人民日益增长的美好生活需要为根本目的，以文化和旅游融合发展为着力点，顺应数字化、网络化、智能化发展趋势，着力提升公共文化服务水平，明确"十四五"公共文化服务发展的总体思路、发展方向、目标和主要任务，规划一批重要建设项目，提出有针对性的政策保障措施，引领全省公共文化服务高质量发展，推进"文化润滇"，促进满足人民文化需求和增强人民精神力量相统一，推进文化和旅游双强省建设。本规划编制既充分考量了国家对公共文化服务发展的总体要求，也结合了云南现实情况和特色优势，集中体现了以下几个主要特点。

（一）推进城乡公共文化服务体系一体建设

"十四五"时期，全省公共文化服务体系建设的重点任务既要补足短板，又要推动高质量发展。因此，需要夯实标准化、均等化基础，推进城乡公共文化服务体系一体化建设。提出深入推进公共文化服务标准化、均等化建设，促进城乡公共文化服务设施提档升级，完善城乡公共文化服务协同发展机制，创新拓展城乡公共文化空间。依托城市商圈，打造融合数字阅读、艺术展览、文化沙龙、文化休闲等内容为一体的公共阅读和艺术空间，结合老旧小区、老旧厂区、城中村等改造，创新打造一批具有生活场景与人文气息的公共文化空间，构建城市"十分钟文化圈"。推进乡村传统文化资源的活化利用和创新发展，盘活老屋、祠堂、公房等传统公共文化空间，推动公共图书馆分馆向农村地区延伸，鼓励村民参与，建设乡村图书馆。加快推进基层综合性文化服务中心向自然村延伸试点和推广工作，构建农村"十里文化圈"新格局。

（二）丰富公共文化服务供给

依托公共图书馆、文化馆和基层综合性文化服务中心，广泛开展全民阅读，加强古籍整理保护和传承，推进全民艺术普及，办好群众文艺活动，推出高品质的公共文化服务，不断满足人民群众的精神文化需求。提出建设"以人为中心"的公共图书馆，广泛开展全民阅读活动，充分运用各级公共图书馆资源、设施、空间、人才等，开展系列阅读推广活动，打造"书香云南"。坚持群众文化艺术需求导向，推进全民艺术知识普及、欣赏普及、技能普及和活动普及，加强文化馆（站）阵地建设，把文化馆（站）打造成居民的终身美育学校，推出多样化的公共文化服务。推动公共文化服务和教育相结合，加强课外教育基地建设，满足中小学生课余文化需求。加强"银龄文化"建设，强化基层公共文化服务供给中老年人喜闻乐见的内容和形式，加强基层综合性文化服务中心对业余演出团队的引导，满足老年人参与和观看演出的文化需求。针对老年人、未成年人、残疾人、农民工、农村留守妇女儿童、生活困难群众等群体，完善硬件设施建设，开展公益服务，增强流动服务，切实保障好特殊群体的基本文化权益。

（三）提升公共文化服务效能

为提高公共文化服务的群众知晓率、参与率和满意度，不断加强公共文化机构服务能力建设，主要从三个方面提出了具体措施：一是完善公共文化服务的供需匹配机制，深化文化体制机制改革，统筹推进公共文化服务供给侧与需求侧协同改革发展；推进"菜单式""订单式""预约式"公共文化服务供给，实现服务方式逐步由"政府端菜"向"群众点菜""群众做菜"转变。二是构建共建共治共享的公共文化服务供给格局，健全跨部门、跨领域、跨系统的公共文化服务资源协调和整合机制；加强公共文化服务与教育、农业、卫生、科普、民政等领域惠民项目融合发展。三是加强公共文化服务供给社会化建设，鼓励支持社会力量参与公共文化服务体系建设；稳妥推进县以下基层公共文化设施社会化管理运营，对存在人员缺乏等困难的公共文化设施，鼓励通过服务外包、项目授权、财政补贴等方式，引入符合条件的企业和社会组织运营或连锁运营。

（四）推动公共文化服务特色化发展

从三个方面提出了特色化发展方向：一是传承红色文化基因，利用红色文化资源做好公共文化服务工作；整合基层综合性文化服务中心、新时代文明实践中心等资源，建设红色驿站；广泛开展红色主题群众文化活动，依托红色文化对人、物、事，推出一批人民群众喜闻乐见的红色经典群众文艺作品和展演展示活动。二是弘扬民族优秀文化，将云南民族民间丰富的文化资源吸纳到公共文化服务体系建设中来，促进优秀传统文化创造性转化、创新性发展，丰富公共文化服务产品和内容。三是打造"国门文化"品牌，推进"文化睦邻示范区""国门文化交流中心""国门文化友谊广场"项目建设，重点实施边境"国门书社"、文化交流系列活动、互动服务体验区培育、文化旅游产业培育、数字服务平台项目建设、人才技能培训、活动拓展"七项计划"，充分发挥文化稳边、固边、兴边和文化睦邻、安邻、富邻的积极作用。

（五）推进公共文化数字化、网络化、智能化建设

运用现代新科技作为实施精准推送、精细服务的有效手段。一是提出加强文化资源数字化保护和开发，鼓励和支持社会力量参与公共数字文化建设；推动公共图书馆和文化馆对馆藏资源进行数字化加工、数字化展示。开展古籍数字化、珍贵文献影印出版工作，开发特色数字文化产品。二是提出建设公共文化数字化综合服务平台，不断提高和拓宽公共文化数字化服务应用场景；探索公共文化云平台与社会网络平台的端口对接、资源共享、服务嵌入机制，提高公共文化云平台覆盖面和传播力。三是提出建设云南公共文化服务"云采购"

平台，完善财政、资金、税收以及政府购买公共文化服务政策体系。

（六）推动乡村文化振兴

乡村文化繁荣既是公共文化服务均衡发展的重要体现，也是加强基层治理的重要基础，云南乡村的民族文化资源丰富，在乡村文化振兴方面大有可为。一是提出巩固文化帮扶成果，提升公共文化服务的能力和水平，引领带动群众提升文化素质；完善易地扶贫搬迁集中安置区公共文化服务设施，丰富脱贫群众的精神文化生活，持续激发欠发达地区和农村低收入人群发展的内生动力。二是提出提升乡村公共文化服务质量，因地制宜提升基层综合性文化服务中心功能，组织开展示范性乡镇综合文化站推选活动、乡村文化振兴示范项目和打造"最美文化空间"，破解乡村文化供需失衡的结构性矛盾，更好满足乡村居民的文化需求。三是提出加强乡村公共文化治理，深入开展乡镇综合文化站、村综合文化服务中心专项治理；依托中国民间文化艺术之乡、云南省民间文化艺术之乡，开展"艺术乡村"示范项目建设，提升乡村文化建设品质。

（七）促进文化和旅游公共服务融合发展

坚持"以文塑旅、以旅彰文"的发展思路，发挥"文旅＋"综合带动功能，培育打造文旅融合新业态，开发更多文旅新业态产品，形成文旅产业发展新动力。主要从三个方面提出了具体措施：一是拓展文化旅游融合新阵地，推动全省文旅资源共享和服务效能提升，促进文化和旅游公共服务高品质、高标准建设；二是丰富文旅产品和服务，提升旅游文化内涵，促进公共文化与旅游形成互动互促发展；三是推进乡村公共文化和旅游融合发展，引导和鼓励建设"乡村舞台""文化集市""乡村剧场"等村级文化旅游产业融合建设的示范点，开展民族民俗文化旅游示范区建设试点，规划打造一批兼具教育性、艺术性、体验性的乡村旅游线路。

（八）加强人才队伍建设

按照存量优化、增量优选的原则，结合公共文化发展新趋势和新要求，实施公共文化人才战略，建立稳定的、高素质的公共文化服务人才队伍。一是提出加强公共文化人才培养，实施公共文化人才战略，进一步完善选人用人机制；二是提出拓展公共文化人才培训途径，加强培训质量管理，完善培训评价考核机制；三是提出建设一支精干高效的基层文化人才队伍，尤其加强对农村文化队伍的管理和使用；四是提出促进文化和旅游志愿服务特色发展，构建参与广泛、内容丰富、形式多样、机制健全的文化和旅游志愿服务体系。

三、项目实施成效

（一）规划引领云南省公共文化服务高质量发展

《云南省"十四五"时期公共文化服务体系建设规划》对"十四五"时期云南省现代公共文化服务体系建设做出全面部署，明确了总体发展思路、发展方向和发展目标，提出了推动公共文化服务高质量发展的主要任务和保障措施，为当前和今后一段时期的公共文化服务体系建设明确了时间表和路线图。在该规划的引导下，云南省公共文化服务工作有序开展。

（二）规划成为全省各地推进公共文化服务建设的指引

《云南省"十四五"时期公共文化服务体系建设规划》是新形势下推动全省公共文化服务高质量发展的一部重要文件，明确提出了"十四五"时期云南省公共文化服务体系建设的总体要求、重点工作、重点项目、示范项目，为全省各州（市）、县（区、市）制定公共文化服务发展规划、推进公共文化服务各项工作提供了重要指引。

（三）公共文化服务体系建设政策体系不断完善

本规划出台以来，云南省先后发布《云南省文化和旅游厅、省发展改革委、省财政厅关于推动公共文化服务高质量发展的实施意见》等一系列重要政策文件，《云南省公共文化服务保障条例》等公共文化立法工作有序推进，"十四五"公共文化服务体系政策更加健全。

2021

云南文化和旅游规划设计
优秀成果集

剑川县"大沙溪"一体化保护与发展规划[1]

2017 年，我国把乡村振兴战略作为实现民族复兴的重大战略，是解决"三农"问题的关键。历史文化村镇作为独特的资源，具有历史文化和乡村文化的双重属性。如何平衡保护与发展之间的关系，以文化保护推动乡村振兴，成了必须研究的课题之一。本章通过研究国家历史文化名镇沙溪镇的历史文化，以保护为抓手，探索沙溪从建筑复兴到文化复兴的历程，对历史古镇推动乡村振兴的模式探索具有一定的借鉴意义。

[1] 编制单位：中国电建集团昆明勘测设计研究院有限公司
文稿执笔人：宋晗瑜、熊帼、唐川

一、规划背景

（一）全域旅游成为乡村振兴的重要抓手

2017 年 10 月，中国共产党第十九次全国代表大会首次提出我国将实施乡村振兴战略，乡村振兴也成了解决"三农"问题的重中之重。2019 年 4 月，云南省提出打造大滇西旅游环线，推动滇西旅游全面转型升级，全域旅游已逐渐成为乡村振兴战略实施的重要抓手。而沙溪镇作为国家历史文化名镇、茶马古道上的重镇、大滇西旅游环线上的明珠，将成为剑川县实施"旅游 + 乡村振兴"的先行带动示范区。

（二）沙溪古镇的艰难复兴之路

中华人民共和国成立后，由于现代交通方式的兴起、马帮的消亡，沙溪镇寺登街渐渐被人遗忘，古镇建筑日渐荒芜破败。自 2002 年以来，由代表瑞士发展合作署的瑞士联邦理工大学空间与景观规划研究所和剑川县人民政府共同负责实施"沙溪复兴工程"，其核心主要是建筑复兴。

建筑复兴到人文复兴带来的是沙溪知名度的提升和快速的发展。2019 年，沙溪古镇共接待海内外游客 127.57 万次，2021 年受新冠肺炎疫情影响仍有 117.79 万人次。近 20 年间，受《沙溪历史文化名镇保护规划》等规划和措施的有效控制，沙溪镇基本保存了原有空间格局，但近年建筑量增速明显加快，建设空间和基础设施压力日益剧增，原住民和原生文化的保护难度日益增大，如何平衡沙溪古镇保护与发展间的关系已成为必须研究的课题。

二、规划思路

针对游客空间容量不足、文化品牌创建不足、生态保护风险增大、产业引导和控制不足、旅游基础设施薄弱、缺乏治理和合作机制等问题，参照中医原理，我们提出"筑体、强魄、通络、活血、化瘀"的规划思路，对片区进行规划（见图 6）。

图6　规划思路分析

三、项目主要内容

（一）筑体——筑牢大沙溪保护与发展的基底

1. 统筹大沙溪发展区域，疏解沙溪功能与压力

统筹大沙溪发展区域，将"大沙溪"理念与行政管辖结合，整合周边旅游资源较集中的区域，以沙溪镇为核心区，弥沙乡、甸南镇、羊岑乡和沙溪镇为协调区。以点—轴疏解为重点，以甸南—金华一体化为关键，将"单点发展"转为"点轴状发展"，适度疏解沙溪功能。

2. 强化片区功能，构建大沙溪总体结构

构建一带一主一副的大沙溪总体结构。以黑惠江及两岸文化旅游资源密集区为核心，打造生态文化体验带，凸显大沙溪内部文化，促使区域联动发展。以石宝山—沙溪古镇 4A 级旅游景区为核心，以低碳交通串联坝区的景观节点及村庄，形成文化旅游发展的核心。以剑湖田园综合体为主要疏解承接组团，打造围绕湖滨康养和生命起源的大健康产业集群（见图 7）。

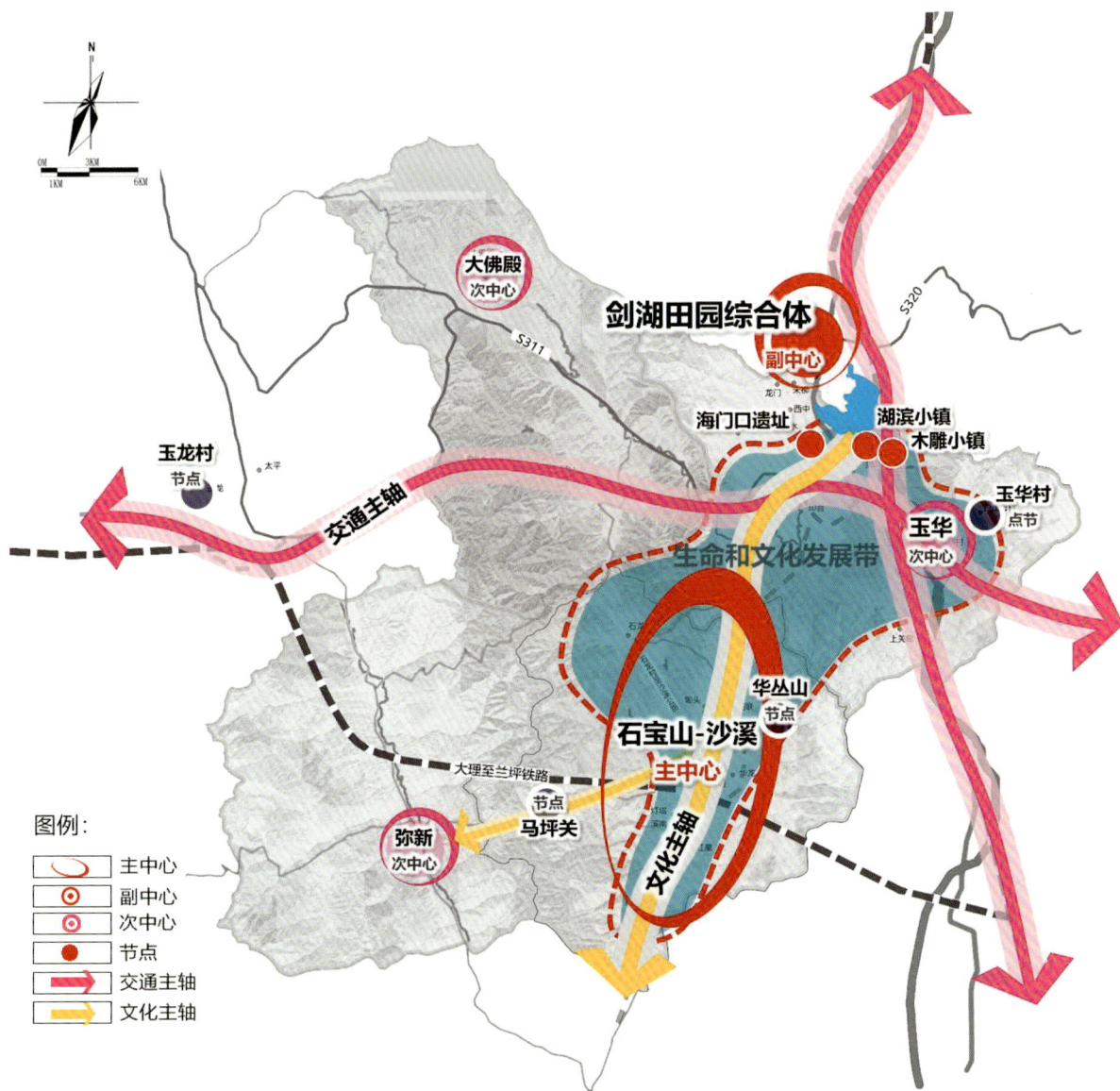

图7　大沙溪发展总体结构

（二）强魄——强化沙溪文化和精神主线

强化一大文化体系和两条精神主线的"1+2"文化体系。一大文化体系即完整辉煌的白族文化体系。以起源—融合—发扬—传承的文化内核，关注白族文化历史空间，加强白族物质文化及非物质文化的活化利用，打造"大沙溪白族文化艺术体验馆群"。

两条精神主线分别为黑惠江生命之源和茶马古道文化之根。黑惠江南北贯穿整个区域，它联系着沙溪和海门口，是剑川生命缘起到辉煌的发展之轴。以黑惠江为轴线，构建集中建设区域，串联南北重要发展的节点，形成文化线路。构建茶马互市文化的生命发展轴，梳理盐马古道和茶马古道，加强文化研究，将沿线文化空间进行整合和修复（见图8）。

图8　大沙溪白族文化艺术体验馆群规划平面图

（三）通络——打通要素流动通道

1. 融入区域环线，实现区域引流

融入"大香格里拉环线"和"大滇西旅游环线"，通过引入环线内中旅等大型旅游企业，将大沙溪旅游目的地与环线内其他资源紧密串联，促进地区游客相互引流，做强连锁品牌。

2. 打通交通通道，实现要素流通

现状跨地区旅游资源主要集中在大丽高速沿线。规划将打通地区旅游和交通通道，以鹤剑兰高速（含支线）、大丽高速为骨架，建立与周边地区的旅游联系，快速和景区互联互通。未来要重点关注鹤剑兰及支线沿线旅游景点的功能协作，实现设施共享。

（四）活血——强化产业引导，增强造血功能

产业是区域发展的心脏，以农业为主产业的区域要实现活力发展、可持续发展，需要四大产业体系，即"核心产业—农业""支持产业—农产品相关研发加工""配套产业—休闲观光度假会议等""衍生产业—创意产业等"。

1. 一产为底色，构建沙溪高原特色现代农业

依托沙溪自身良好的农业生产基础和黑惠江坝区优良的自然环境，发展沙溪高原特色现代农业。以保护耕地、守护粮食安全为目标，发展以稻麦粮食、蔬菜为核心的高原特色现代种植业。以突出沙溪地方特色为目标，发展以水果种植为基础，配套种植青梅、林下食用菌、林下中药材的沙溪高原特色现代林果业。

2. 二产为支撑，实现产业内外循环

以农产业初加工为支撑产业，对内在农产品种植区进行产品初加工后，直接将产品送到当地居民和游客的餐桌，实现区域内部自产自销；通过大丽高速，快速将产品送达剑湖田园综合体中的剑阳生物加工园，进行农产品的精深加工，并开展对外销售，最终达到产业的内外循环。

3. 三产为特色，强化产业控制引导

梳理资源条件，打造"2+4+5+N"的产品体系。重视旅游IP创建，打造大理新的旅游"IP"及目的地品牌。强化产业的控制引导，对产品和商业业态进行特色管控，以村庄为单位，确定各村庄的产业正负面清单，突显村庄特色。打造新媒体引爆点或者网红打卡点，塑造特色文旅产品。积极策划如婚庆、团建、党建等大型主题活动及系列营销活动，拓展多渠道收益（见图9）。

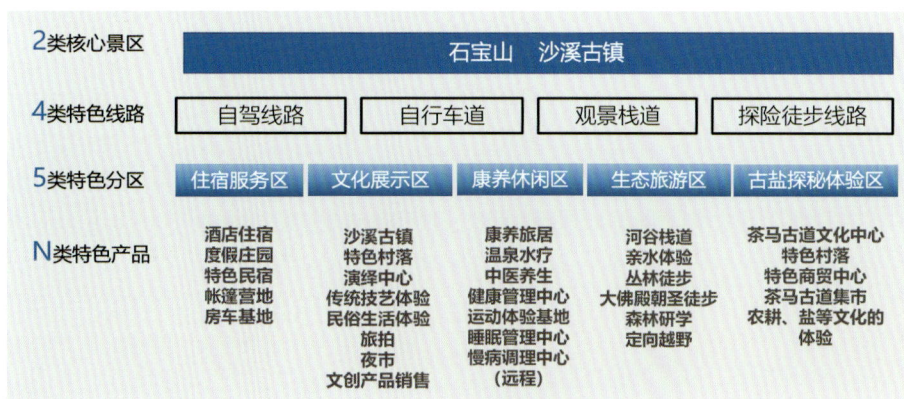

2类核心景区	石宝山 沙溪古镇				
4类特色线路	自驾线路	自行车道	观景栈道	探险徒步线路	
5类特色分区	住宿服务区	文化展示区	康养休闲区	生态旅游区	古盐探秘体验区
N类特色产品	酒店住宿 度假庄园 特色民宿 帐篷营地 房车基地	沙溪古镇 特色村落 演绎中心 传统技艺体验 民俗生活体验 旅拍 夜市 文创产品销售	康养旅居 温泉水疗 中医养生 健康管理中心 运动体验基地 睡眠管理中心 慢病调理中心 （远程）	河谷栈道 亲水体验 丛林徒步 大佛殿朝圣徒步 森林研学 定向越野	茶马古道文化中心 特色村落 特色商贸中心 茶马古道集市 农耕、盐等文化的 体验

图9　大沙溪旅游产品体系构建

（五）化瘀——完善组织机制，提升管理效能

1. 优化整体运营模式

将所有权、经营权、管理权分离，构建以产业、旅游投资为支撑，多种投资平台相互协调，项目总体规划运营的发展路径。由当地政府负责全面统筹推进项目地的规划、建设、运营管理，政府行政管理职能部门负责生态治理保护、基础设施提升等方面的投资和管理。

2. 强化社区自治，增加原住民收入保障

充分发挥村委会的政治决策作用，加强基层党建建设，加深地方干部、原住民的规划设计参与度。以乡村旅游经营、土地房屋租赁等方式，拓宽原住民收入渠道，保障原住民收入，实现居民收入翻一番。

四、规划创新及亮点

（一）区域统筹，外联内疏，构建"大沙溪"旅游发展格局

1. 区域统筹：构建"大沙溪"旅游格局，实现区域联动发展

（1）"大沙溪"旅游发展格局构建

将羊岑乡、甸南镇、弥沙镇及沙溪镇作为大沙溪的统筹区域，梳理区域资源，挖掘特色资源，通过区域联动构建"大沙溪"旅游发展格局（见图10）。

"大沙溪"旅游发展格局有四大功能区域，分别为沙溪文化展示核心区、甸南康养休闲体验区、羊岑乡生态旅游体验区、弥沙古盐探秘体验区。

（2）区域联动发展，构建四大旅游主题功能区

沙溪文化展示核心区以沙溪古镇为核心，在全面保护古镇风貌和民族文化的基础上，结合坝区田园河流绿带风光，重点引入文化体验类产品，打造展现茶马古道与白族文化的核心区。甸南康养休闲体验区以玉华水库为核心，重点发展湖滨运动、康复养生、休闲娱乐等项目，打造展现剑川"生态健康"形象的东门户。羊岑乡生态旅游体验区则结合老君山及羊岑河等生态资源，通过实施生态保育，在保护好生态的基础上逐步开展生态游。弥沙古盐探秘体验区要着重改善沙溪镇到弥井的交通条件，围绕古井古盐，开展古井游览、古盐养生等项目。

2. 内部疏解：坝区中心强化，低碳交通疏解人流至周围村庄

（1）整合坝区核心资源，突显周围村庄特色

以黑惠江为脉络，以石宝山—沙溪古镇4A级旅游景区为核心，整合坝区黑惠江沿岸甸头、北龙、四联、红星、灯塔、石龙等传统村落及特色村庄资源，形成文化旅游发展的核心。划定坝区核心旅游主题区，疏解古镇游客压力。

（2）内部环线建设，低碳交通疏解人流

建设沙溪坝区道路环线，三条环线道路共37.8千米。对外交通主要依托高速、外部交通进入到三条环线道路。增加外环附近村庄的停车设施，引导游客优先在外环居住。外环和内部村庄连接主要靠公共交通出行。

（二）文化引导，特色管控，保护沙溪原住民的原生文化

1. 引导特色村庄建设，提出产业正负面清单

强化产业控制和引导，针对坝区的村庄，进行产业的分类定级。根据每个村庄现状特色及规划的产业发展方向，提出每个村庄的特色管控要求，确定村庄的产业正负面清单，并针对村小组进行产业的引导和控制，提升村庄的特色。

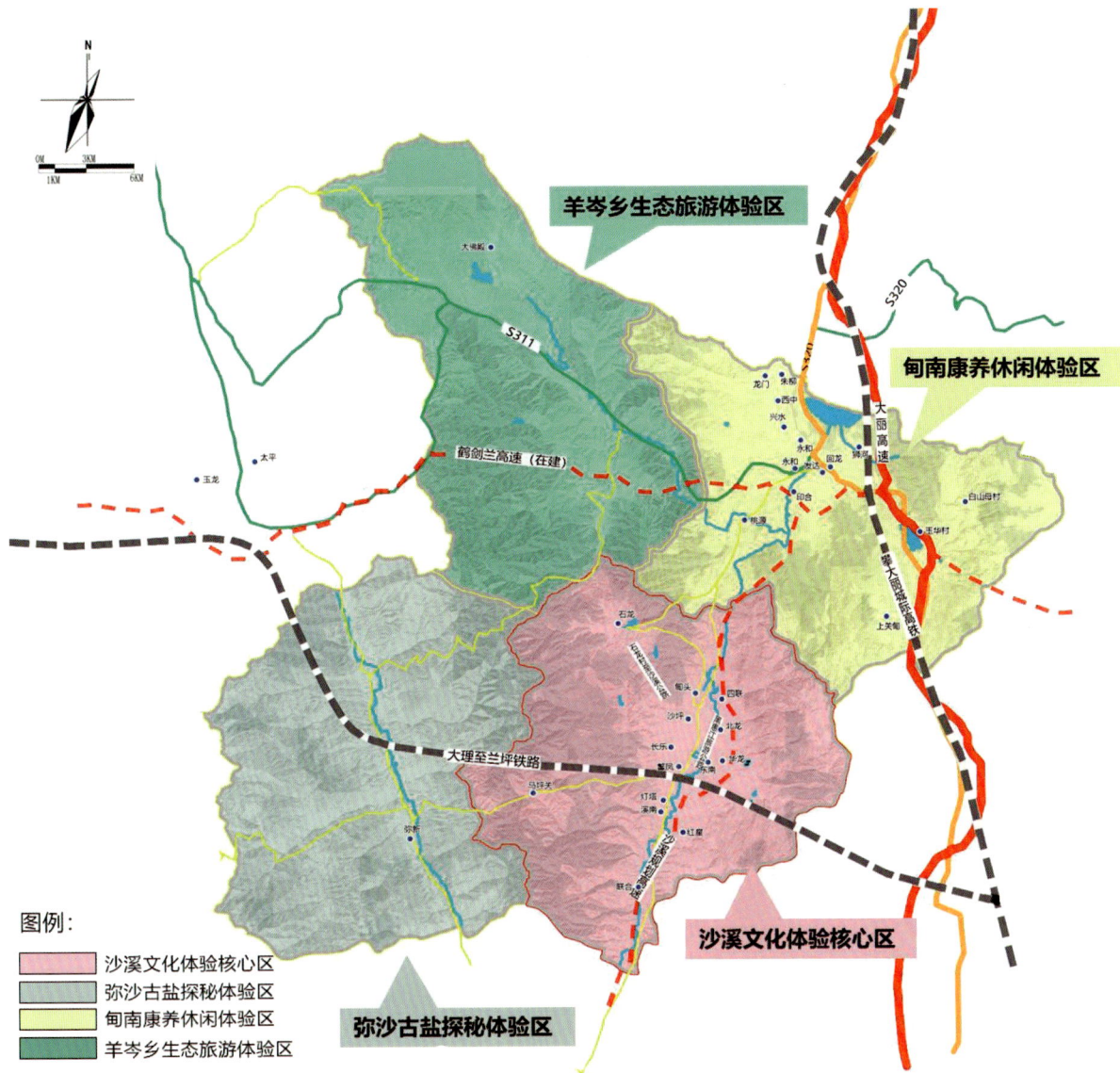

图10 大沙溪旅游发展分区

2. 保护原住民文化，控制引导外来文化

沙溪古镇原住民是沙溪的文化核心，保护原住民文化就是保护沙溪的文化。规划运用"原住民扶持 + 外来商务控制"的模式，通过增强原住民商业服务设施的扶持和控制引导，整合沿线客栈，维持原住民占比，控制外来商户。保护古镇民居风貌，提质增效。

3. 管控商业业态，打造创新引爆点

针对商业业态提出准入标准，并进行区域划分。打造新媒体引爆点，建设网红打卡点、写生基地、旅拍营地及其他民族、非遗研学基地等。

（三）生态为基，规划递进，持续且有序地推动项目落地

1. 生态为本，夯实保护基底

守住保护底线，保护生态格局，严控生态红线，永久基本农田，构建"一核两屏两廊多源地"的生态保护总体格局。一核为剑湖湿地自然保护区；"两

屏"为老君山生态保护屏障、石宝山生态保护屏障;"两廊"为弥沙河生态保护廊道、黑惠江生态保护廊道。

2. 规划递进,将规划变为行动计划

尊重前人规划成果,整合沙溪现有的规划成果,充分汲取精华与规划经验,延续规划思路。将规划与市场充分衔接,实现规划引领,吸引运营主体,把规划变成行动计划,让规划能落到实处。

(四)五新赋能,智慧管控,建设数字化管理平台,建设智慧沙溪

搭建沙溪旅游数字化信息管理平台,构建智慧管控系统。构建旅游项目建设管理系统、旅游项目监控系统、灾害应急预警系统等系统平台,对景区的建设、人流量、灾害等进行及时的信息反馈。此外,针对全国面临的疫情防控,在景区灾害应急预警系统中加入疫情防控预警监测。

五、规划实施情况

(一)村庄特色项目持续落地,镇区外环道路建设疏解初见成效

沙溪镇正积极进行坝区外环路建设、停车设施建设,提升旅游基础设施,疏解古镇旅游人口压力。同时加快坝区特色村庄项目建设,现阶段已积极开展沙溪镇石龙村花海项目、黑惠江旅游带项目建设,建设成果成效初显。

(二)成为云南省乡村振兴的重要抓手,引起政府和社会的高度关注

2021 年 7 月 20 日,云南省乡村振兴局黄云波局长调研沙溪听取汇报后表示,大沙溪一体化的发展、沙溪镇的全域旅游应是今后沙溪的发展方向。2021 年 8 月 23 日,大理州"乡村振兴与乡愁文化"新闻发布会将沙溪镇定位为"乡村振兴与'乡愁'实践的有机结合",是乡村振兴的重要抓手。

2021 年,沙溪镇成功入选第二届"最美小镇·健康生活目的地",并成功评选为全国十一个最美小镇之一,网络知名度攀升,成为网络中最受欢迎旅游目的地之一,已建设成云南省乡村振兴的示范地。

云南省怒江傈僳族自治州怒江流域漂流总体规划（2021—2035年）

——以漂流为引擎推进怒江文体旅产业联动发展[1]

怒江，是中国西南地区的大河流之一，发源于青藏高原的唐古拉山南麓的吉热拍格，有着"一滩接一滩，一滩高十丈，水无不怒古，山有欲飞峰"之称。位于怒江大峡谷中的怒江州，通过多年的脱贫攻坚战取得了"一跃千年"令世界瞩目的成就，自 2018 年起怒江州连续四年举办了"野水漂流世界杯"，在"产业＋赛事"的双重契机之下，漂流将是怒江州"体育＋旅游"的产业驱动切口，打造国内未来的世界级漂流胜地。本次规划中首次对全流域自然资源进行评级分类、首次对怒江水道进行漂流等级评估、首次针对怒江进行全类型的漂流业态布局、首次以漂流来撬动"文、体、旅、乡村"产业的融合联动，是怒江漂流项目落位布局和怒江流域产业经济协同发展的突破。

[1] 编制单位：上海交通大学设计研究总院
　　文稿执笔人：周春晖、石峰、赵淼

一、规划背景

（一）区位及交通背景

怒江州位于云南西北部，与我国西藏、缅甸接壤，是云南去往我国西藏、缅甸的重要通道，在滇西旅游大环线的建设中，怒江是除大理、丽江、腾冲、香格里拉等城市外唯一的旅游处女地，在云南桥头堡战略、产业扶贫的政策驱动下，正在经历着"一跃千年"巨变，而怒江水域之上由漂流带动的产业融合发展，也迎来前所未有的机遇。

怒江漂流产业的发展，曾经一直受限于其不便利的交通，直到2019年保泸高速的通车，才结束了"怒江无高速"的时代，2018年"美丽公路—219国道怒江段"的通车让怒江境内步入了当天可达的巨变，保山机场的扩建、怒江六库机场的开建，也意味着从东部沿海、华北、西北各地可实现当天抵怒江的交通可达条件（见图11）。

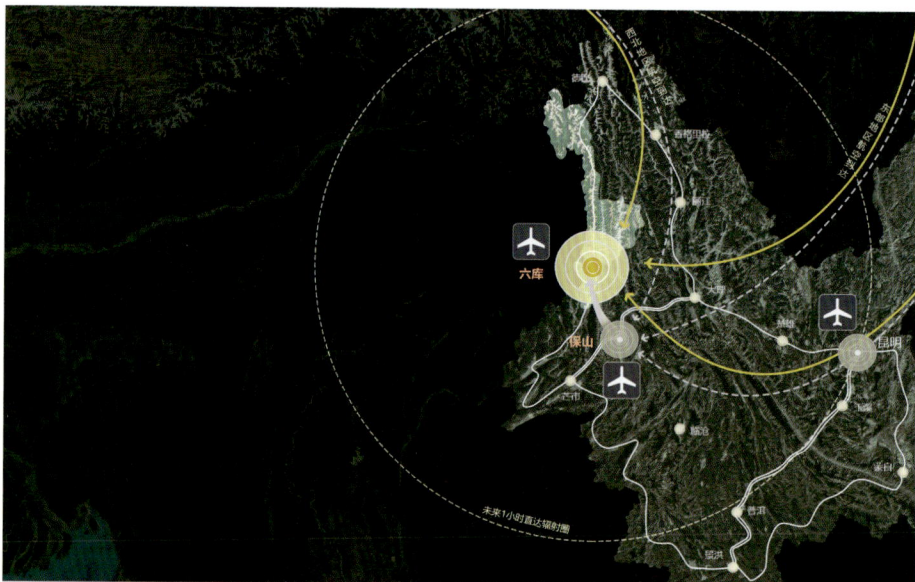

图11　怒江交通区域分析

（二）规划范围

怒江漂流总体规划起于保山市与怒江州交接处——上江镇三界桥、终至秋那桶村，涉及怒江流域全长324千米水道及沿江漂流项目可建设区域（见图12）。

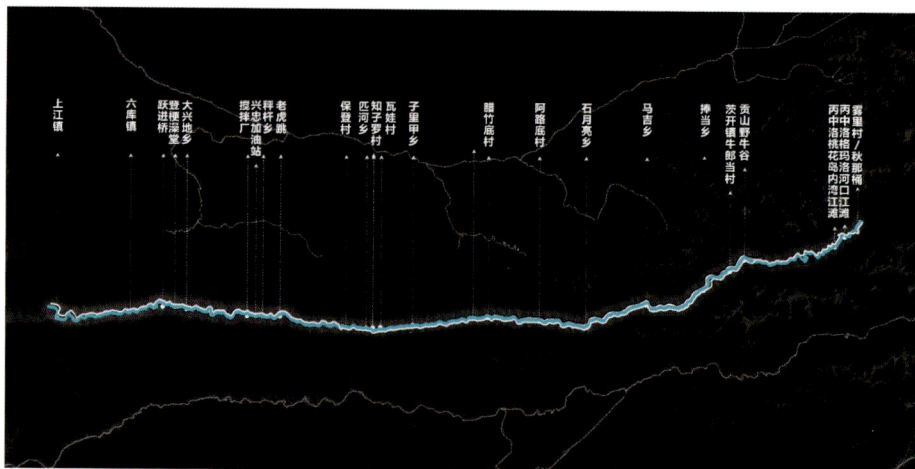

图12　规划范围

（三）资源评估

通过 4 个多月对怒江流域旅游资源的考察、相关资料的收集与研究，依据中华人民共和国国家质量监督检查检疫总局发布的《旅游资源分类、调查与评价》（GB/T 18972—2017），再结合实际情况确定具有一定标识度的旅游资源单体 52 个，分属 8 个主类，13 个亚类和 24 个基本类，以怒江河道流域为主线，延伸两岸高黎贡山、碧罗雪山山脉，其所包含的自然资源的多样性均为世界级禀赋，在规划方案的编制方面有着得天独厚的优势。

（四）市场分析

通过精确的客源规划和旅游市场分析及预判，将怒江漂流的客源市场分为西南地区、东部沿海地区、华北及东北地区和海外其他地区四级市场，预测规划期末（2035 年），怒江全流域漂流所带来的年游客量可达 11.16 万人次，预计带来直接性消费 3.01 亿元，同时带动周边城镇、村庄及其他相关文化旅游产业同步发展。

二、规划创新亮点

本次规划对于怒江规划编制工作具有里程碑的意义，首次对全流域自然资源进行评级分类、首次对怒江水道进行漂流等级评估、首次针对怒江进行全类型的漂流业态布局、首次以漂流来撬动"文、体、旅、乡村"产业的融合联动，是怒江漂流项目落位布局的方向性指引，也是怒江流域产业经济协同发展的突破。

三、规划思路

规划提出"踏浪而行、天镜之旅"的主题定位。

（一）主题定位

提出四个规划原则，加强与半山酒店、国家绿道、村庄城镇的结合，形成"文体旅 + 大峡谷"的区域协同效应；以前瞻性的产品配置，契合市场需求的旅游项目，形成大峡谷漂流的品牌；坚持乡村振兴、产业聚人，将漂流与怒江乡村振兴相联动，以体育和文化作为双驱动助推乡村振兴战略的实施；谨慎使用土地资源，实现经济和生态的协调，构建和持续发展的生态闭环。

（二）发展目标

以峡谷怒江、漂流胜地为战略发展目标，根据市场定位提出因地制宜的分期开发建议，规划分为近期（2021—2025 年）、中期（2026—2030 年）、远期（2031—2035 年）三个阶段制定目标。

1. 近期目标

主要工作为推动核心项目、完善基础设施及旅游配套设施建设，在市场上努力塑造"峡谷漂流"的形象，向西南地区以及市场推广漂流项目品牌，预估漂流直接性年收入可达 6124.6 万元。

2. 中期目标

主要工作为全面推进漂流项目的建设及招商引资，开发静水漂流、漂流马拉松、亲子漂流等多元化漂流产品，进一步拓展漂流业态和吸引高品质客群，与怒江半山酒店项目同步推进，形成漂流 + 度假 + 乡村旅游 + 民俗体验的产业联动，预估漂流直接性年收入可达 1.62 亿元。

3. 远期目标

完成以漂流为引擎的文体旅产业联动闭环，形成漂流运动、专业培训、户外运动、康养旅居、人文体验的多样产品，将峡谷、人文、度假、旅居、康养、游乐、科技体验与漂流产品相融合，构建复合型的产业体系，预估漂流直接性年收入预估可达 3.01 亿元。

四、规划主要内容

（一）规划愿景及理念

以"踏浪而行、天镜之旅"为愿景，通过漂流展现多元、多面、多变的怒江大峡谷，绽放出多姿、多彩、多样的漂流业态和怒江之美，将怒江大峡谷作为一个漂流胜地来打造，构建"处处有漂流、处处能体验"的世界级峡谷漂流目的地，通过业态落位和产业聚焦，未来让全世界漂流爱好者想到漂流就想到怒江，想到怒江就想体验一次极致的漂流。

（二）空间结构

整体规划将怒江流域分为三大主题段，打造六个主题核心，塑造八个特色节点，根据村镇特色、水道条件、自然资源条件等因素，将 324 千米流域分为专业赛事漂流主题段、怒江民俗漂流体验段、峡谷运动探险漂流段，结合上江镇、泸水市跃进桥、老虎跳、老姆登、石月亮、丙中洛布局六个漂流 + 峡谷 + 民俗 + 赛事的核心和结合沿线村庄的八个主题特色节点。

1. 专业赛事漂流主题段

为上江镇至老虎跳节点之间，以野水皮划艇世界杯相关赛事服务及国家级激流回旋训练基地为触媒，打造跃进桥专业漂流训练基地，上江镇三界桥作为漂流门户，称秆乡江面漂流项目作为漂流产品体系中的头部启动项目，带动大众漂流体验项目在怒江流域的开展，以赛事服务、江面漂流启动项目为核心引燃怒江全域漂流产品。

2. 怒江民俗漂流体验段

老虎跳至福贡县城之间，此段河道水系落差较大、水流变化复杂，直至知子罗村和福贡县城附近，水流逐渐趋于平缓，可作为江面漂流地点，其间的飞来石、老姆登、知子罗等村庄民俗特质显著，有着优质的村庄旅游体验活动融入价值，此段以民俗体验、乡村活动为核心主题，搭配江面漂流项目，形成民俗文化和活力休闲主题段。

3. 峡谷运动探险漂流段

石月亮至秋那桶之间，包含石月亮、野牛谷、丙中洛等资源禀赋极高的区域，石月亮、野牛谷位于怒江支流，具备漂流体验的条件，丙中洛重丁村江湾区域具备静水漂流条件，此段怒江的人文底蕴深厚，与支流漂流体验、户外运动相结合，形成文旅度假与户外运动主题段。

（三）漂流业态布局

怒江流域水道类型多样、级别丰富、变化多端，涵盖了现今技术评估的所有类型，根据不同的水道级别，规划建立由大众体验漂流、野水探险漂流、专业训练漂流、静水桨板漂流及科技水上游乐五大业态组成的漂流业态体系，并沿流域结合各乡镇、村庄进行创新漂流业态的河道划分（见图 13）。

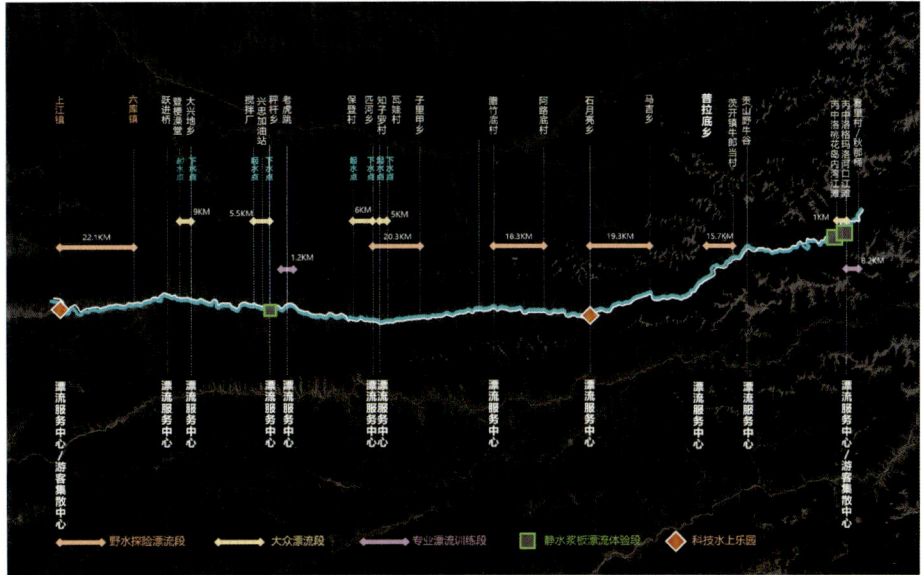

图13　漂流业态布局

1. 大众体验漂流

（1）泸水市登埂澡堂会至大兴地乡

总长 9 度千米，漂流下水点设置于大兴地乡，起水点设置于跃进桥西侧，并于大兴地乡设置大众漂流服务中心。

（2）泸水市称杆乡至南侧搅拌场

总长度 5.5 千米，漂流下水点设置于称杆乡沙滩，起水点设置于搅拌场，于称杆乡沙滩位置设置大众漂流服务中心。

（3）福贡县匹河乡至保登村

总长度 6 千米，漂流下水点设置于匹河乡，起水点设置于保登村沙滩，于匹河乡设置大众漂流服务中心。

（4）福贡县知子罗村至瓦娃村

总长度 5 千米，漂流下水点设置于瓦娃村江滩，起水点设置于知子罗村西侧江滩，于知子罗村西侧沿江设置大众漂流服务中心、培训中心，于瓦娃村南侧 1.5 千米扇形稻田位置设置度假酒店，结合知子罗打造天空之城特色村庄。

（5）贡山县丙中洛格玛洛河口至桃花岛

总长度 1 千米，漂流下水点设置于格玛洛河口江滩，起水点设置于桃花岛内湾江滩，于格玛洛河口设置漂流集散中心、培训中心、救援中心，结合桃花岛设置村庄人文体验活动，结合重丁村设置农家餐厅、民宿配套设施。

2. 野水探险漂流

（1）上江镇至六库镇河段

全长 22.1 千米，于上江镇三界桥西南侧设置探险漂流服务中心、游客集散中心、智慧漂流管控中心、漂流野奢酒店等配套设施。

（2）福贡县匹河乡至子里甲村河段

全长 20.3 千米，于福贡县匹河乡设置探险漂流服务中心、急救设施、智慧漂流管控分点、餐饮及民宿等配套设施。

（3）福贡县腊竹底村至阿路底村

全长 18.3 千米，于腊竹底村设置探险漂流服务中心、急救设施。

（4）福贡县马吉乡至石月亮乡

全长 19.3 千米，于石月亮乡设置探险漂流服务中心、应急救援中心、智慧漂流管控分点、餐饮及民宿等配套设施。

（5）贡山县普拉底乡至茨开镇牛郎当村

全长 15.7 千米，于普拉底乡设置探险漂流服务中心、急救设施、餐饮及民宿等配套设施。

（6）贡山县野牛谷雪山溪流

全长 22.3 千米，于野牛谷入口位置设置探险漂流服务中心、雪山户外运动服务中心、应急救援中心、智慧漂流管控分点、餐饮及酒店等配套设施。

3. 专业训练漂流

（1）跃进桥国家激流回旋训练基地

于跃进桥设置训练水道、运动员服务中心、训练场馆、急救医疗中心、运动员公寓等设施。

（2）称杆乡至老虎跳挑战类野水漂流训练河道

于老虎跳设置运动员服务中心、智慧漂流管控分点、漂流急救培训中心、赛事救援指挥中心。

（3）丙中洛至雾里村常规类训练河道

于丙中洛格玛洛河口设置运动员服务中心、应急救援中心。

4. 静水桨板漂流

（1）称杆乡兴忠加油站至加油站南侧 900 米区域

于兴忠加油站江滩位置设置漂流服务中心、餐饮及酒店配套设施。

（2）丙中洛重丁村东南侧江滩内湾区域

于格玛洛河口设置游客集散中心、培训中心、餐饮及酒店配套设施。

（3）丙中洛桃花岛北侧区域

于桃花岛设置餐饮及民宿配套设施。

5. 科技水上游乐

（1）石月亮乡漂流水乐园

于石月亮乡设置亲子漂流水乐园、峡谷自然教室、亲子无动力乐园、亲子酒店、漂流服务中心。

（2）上江镇科技水乐园

于上江镇三界桥西南侧设置造浪池、水上喷射等水上乐园，帐篷营地，水上活动培训中心，游客集散中心。

（四）水道评级

本次规划联合国内外漂流专家顾问团队、前激流回旋国家队队员、漂流探险团队，首次对怒江水系进行河道等级评估，针对怒江 324 千米河道进行专业的漂流等级评估，根据五个水道等级将怒江流域进行分段分级评估，根据由低至高的水道等级分为一至五级，也为后续漂流产品的招商引资、项目建设提供了完善和专业的技术支持（见图 14）。

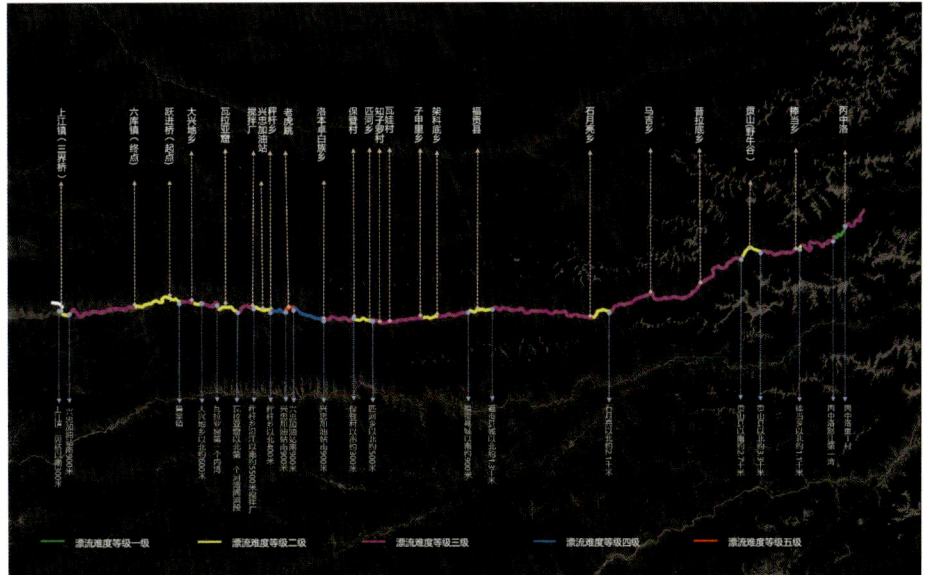

图14　怒江水道等级评估

1. 一级河道

称杆乡南侧兴忠加油站至加油站以南约 900 米河段、丙中洛重丁村至桃花岛河段、上江镇三界桥以南约 300 米河段、丙中洛怒江第一湾至丙中洛镇区河段，此四段河段水流平缓，浪小且有规律，河道清晰可辨，障碍很小，基本无序操控，对漂流者不构成很大威胁，自救容易，此类河段可作橡皮艇大众漂流体验及静水桨板漂流体验。

2. 二级河道

上江镇三界桥以南约 2300 米河段、六库镇至鲁掌镇南侧 316 省道于 228 省道交叉口位置、大兴地乡以北约 600 米河段、瓦拉亚窟南第一个内湾至瓦拉压窟以北第一个河湾间河段、称杆乡沿江沙滩以南约 5500 米处搅拌厂至称杆乡沙滩以北 400 米处之间河段、匹河乡以北约 500 米处至保登村以南约 300 米处之间河段、子里甲乡至架科底乡之间河段、福贡县城以北约 1.3 千米至福贡县城以南约 900 米河段、石月亮乡以北约 2.1 千米河段、贡山县以南 2.7 千米至贡山县以北 3.3 千米河段、捧当乡至捧当乡以北 1.1 千米之间河段，此 11 段河段中等浪头且有规律，浪高最高不超过 1 米，浪形较宽，形成明显通道，很低的暗礁或者跌水，缓和弯道，河道通道清晰可见，需要躲避岩石、弯曲河岸及其他障碍物，漂流者很少受伤，仅在紧急时需要救援协助，此类河段可作橡皮艇大众漂流体验。

3. 三级河道

鲁掌镇至大兴地乡河段、瓦拉亚窟以北第一个河湾至称杆乡沿江沙滩以南约 5500 米处之间河段、洛本卓白族乡至保登村之间河段、匹河乡以北约 1500 米处至子里甲乡间河段、架科底乡至福贡县城以南约 900 米处间河段、福贡县城以北约 1.3 千米处至石月亮乡间河段、石月亮乡以北约 2.1 千米至马吉乡以北第一江湾间河段、普拉底乡至贡山县南 2.7 千米间河段、贡山县北 3.3 千米至捧当乡河段、捧当乡以北 1.1 千米至怒江第一湾河段、丙中洛镇区至秋那桶村河段，此 11 段河段水流较急，连续水浪超过 1 米，浪形不规则，有时难以避开，有较急的漩涡、暴露的岩石，有时会出现一定的危险，需要有经验者陪漂，此类河段可作为有一定经验的漂流探险、有专业陪护的橡皮艇漂流和专业漂流训练。

4. 四级河道

称杆乡沙滩以北 400 米处至老虎跳滩尾之间河段，老虎跳至洛本卓白族乡之间河段，此 2 段河段浪高且有力，翻腾漩涡形成水洞变化无常，有较大障碍物、暗礁、跌水和危险的岩石无法逾越，如果落水会有生命危险，漂流者受伤的可能性非常大，此类河段可作为野水漂流或激流回旋专业训练。

5. 五级河道

老虎跳至老虎跳滩位之间河段，此河段水流湍急，有大跌水、变化无常的大浪、大障碍物与急漩涡、急流持续时间很长、水流路线复杂，水下多种复杂地形相结合，非常危险，出现事故进行抢救也极为困难，此河段仅供野水皮划艇挑战赛赛段使用。

（五）漂流服务设施布局

漂流业态具有其独特的运作要求，起水点、下水点、服务中心、船库、培训中心等多配套服务设施根据不同类型漂流业态的需求进行设置，才能够保障各类漂流产品的规划落地及运作，在总体规划中我们将漂流服务设施分为游客集散中心、大众漂流服务中心、探险漂流服务中心、专业漂流服务中心、村庄联动节点多个类型进行布局，在满足各类漂流业态对于配套设施的需求的同时，最大化形成"配套 + 村庄"的区域联动，形成乡村经济与漂流业态之间的产业协同。

1. 游客集散中心

怒江全流域漂流总长 300 余千米，于首、末、中三个位置布局游客集散中心，提供大型停车设施、大峡谷旅游展厅、怒江特色商品售卖、游客集中咨询、智慧漂流指挥中心、漂流培训及会议中心、自驾营地、精品酒店等。

2. 大众漂流服务中心

包含游客服务及咨询、漂流培训、应急救援、智能化管理、停车设施、餐饮及零售服务，此类服务设施一般以服务中心建筑为主体承载，具体布局为泸水市大兴地乡、泸水市称杆乡沙滩、福贡县匹河乡江滩、福贡县知子罗村西侧沿江江滩、贡山县丙中洛格玛洛河口。

3. 探险漂流服务中心

野水探险漂流为怒江一大特色产品，服务设施强调其原生态保留、安全性保障、智慧化管理，包含漂流装备售卖及租赁、探险漂流培训中心、应急救援中心、急救医疗中心、餐饮及零售服务，布点为上江镇三界桥、福贡县匹河乡、福贡县腊竹底村、福贡县石月亮乡、贡山县普拉底乡、贡山县野牛谷河口。

4. 专业漂流服务中心

针对的主要客群为漂流竞技和赛事的运动员，其服务中心包含运动员训练场馆、运动员餐厅、医疗康体中心、培训及会议中心、医疗急救中心及停车设施，服务设施布点为泸水市跃进桥国家激流回旋训练基地、泸水市老虎跳挑战赛配套服务中心、丙中洛格玛洛河口。

5. 村庄联动节点

漂流项目覆盖整个怒江流域，在未来，所有 300 余千米内的村庄将受到漂流产业的带动，其余村庄可作为服务节点，构建村庄农家餐厅、农家民宿、民俗体验场馆等服务设施，带动村庄经济。

（六）旅游服务设施协同

漂流作为怒江旅游产业中的一个引擎产品，需与怒江州整体旅游服务中心进行协同，本次规划以中心级、区域级、乡村特色级与怒江州旅游集散中心布局相结合，形成整体融合、漂流特色显著的旅游服务设施协同布局。

1. 中心级——泸水市六库镇、福贡县上帕镇和丙中洛

其中六库镇依托中心城镇优化提升酒店、商业街、旅游文化街、美食街的打造，福贡县上帕镇以精品酒店、客栈民宿、小型商业街区、民俗风情街区为主，丙中洛打造半山酒店群、五星级酒店、客栈民宿、少数民族风情餐厅、特色有机餐厅。

2. 区域级——上江镇三界桥、称杆乡、知子罗老姆登、石月亮乡、贡山县茨开镇

上江镇三界桥，以野奢酒店、峡谷有机餐厅为主；称杆乡，以活禽农贸市场、农特有机餐厅、傈僳族客栈为主；知子罗老姆登，以稻田康养酒店、高山风情民宿、峡谷有机餐厅为主；石月亮乡，以亲子度假酒店、大自然餐厅、民宅村宿为主；贡山县城，以精品酒店、怒江特色餐厅为主。

3. 乡村特色级——上江镇三界桥、称杆乡、知子罗老姆登、石月亮乡、贡山县茨开镇

结合漂流服务中心和漂流活动区域进行农家餐厅、农家客栈、农产品商店布局，统一管理及旅游培训，提供具有怒江少数民族特色的住宿和餐饮服务。

（七）美丽公路交通设施协同布局

漂流项目建设区大多选择在村庄、乡镇和居民聚集点，漂流项目所涉及的道路规划协同布局具体分为新增支路、现状村庄道路扩建及服务区设施提升。

1. 项目新增支路

上江镇三界桥漂流门户集散核心、跃进桥国家激流回旋训练基地、称杆乡大众漂流下水点、丙中洛格玛洛河口漂流下水点为新建道路部分，新建主要车行道路红线宽度控制在 6 米以内，原则上依托现有土路或机耕路进行建设，市政管网沿新建道路进行铺设。

2. 现状村庄道路扩建

大兴地乡漂流项目点、匹河乡漂流服务项目点、腊竹底乡漂流项目点、石月亮乡漂流项目点、普拉底乡漂流项目点、野牛谷户外活动项目点为现状道路延续，依托村庄主要道路延伸，道路宽度不超过村庄现有道路，充分利用村庄内部的宅间支路、机耕路打造具有村庄特色的支路系统，形成各个项目特色的交通动线，原则上支路不超过 3 米，禁止车辆通行。

3. 服务区设施提升

小沙坝、跃进桥、维拉坝、老姆登、石月亮、捧当规划 6 个漂流特色服

务区，在现有公路服务区的基础上，建设游客信息咨询及救援、医疗服务中心、智能化大型停车场、民族文化展览馆、旅游文化商品展示中心、民族特色美食餐厅、精品酒店及客栈等特色服务设施。

（八）国家绿道协同布局

结合漂流项目需求，优化国家绿道设施及出入口功能，将各个城镇乡村与绿道建设相融合，在国家绿道规划的基础上，补充观景和休憩平台、自行车租赁及服务中心、慢行服务区、自行车营地、绿道出入口、绿道延长段，以保障各个功能核心及特色节点能够与绿道相衔接。

五、规划实施成效

规划成果获得怒江州及各级县市政府、多专业专家的高度认可，目前激流回旋训练中心及赛事服务中心、老虎跳赛事服务中心方案已通过修建性详细规划评审，计划进入专项债发债阶段，其中大众漂流两段项目已确立意向投资主体，国家绿道工程衔接部分已全面施工完成，野水漂流世界杯赛事及怒江漂流产业都朝着规模化、标准化、市场化的方向发展。

香格里拉市车厘子农业小镇
发展规划

——高原藏区的农旅融合小镇 [1]

云南省特色小镇的建设是实施乡村振兴战略的重要途径，是建设中国最美丽省份的重要抓手，是打造健康生活目的地的重要平台，是实现脱贫攻坚与乡村振兴有效衔接的重要措施。本规划以创新理念统筹车厘子小镇生态保护、特色产业、田园生活、文化体验、数字赋能等各个方面，科学布局、高品质发展生态产业，结合美丽乡村建设发展乡村旅游，构建香格里拉车厘子小镇现代产业体系，创新提出了以农业产业为主导、一二三产业融合发展的特色小镇发展路径。

[1] 编制单位：浙江大学城乡规划设计研究院有限公司
文稿执笔人：沈海波、金鹏飞

一、规划背景

政策背景

2016 年 7 月 1 日，住建部、国家发改委、财政部联合发布通知，决定在全国范围开展特色小镇培育工作，提出到 2020 年培育 1000 个左右各具特色、富有活力的休闲旅游、商贸物流、现代制造、教育科技、传统文化、美丽宜居等特色小镇。党中央、国务院高度重视，国家发展改革委等部门先后印发实施《关于加快美丽特色小（城）镇建设的指导意见》《关于规范推进特色小镇和特色小城镇建设的若干意见》《关于建立特色小镇和特色小城镇高质量发展机制的通知》，引导特色小镇和特色小城镇发展，纠正概念不清、盲目发展及房地产化，有力、有序、有效推动高质量发展。

2018 年 10 月，云南省人民政府出台《云南省人民政府关于加快推进全省特色小镇创建工作的指导意见》（云政发〔2018〕59 号）、《云南省人民政府办公厅关于印发云南省示范特色小镇评选办法（试行）的通知》（云政办发〔2018〕97 号）等文件，精准指导全省各地特色小镇创建工作。

二、思路定位

（一）规划思路

以"生态 +""产业 +""生活 +""文化 +""数字 +"五大理念出发，统筹香格里拉车厘子小镇生态保护、特色产业、田园生活、文化体验、数字赋能等各个方面，科学布局生产、生活、生态三生空间，践行"两山理论"，高品质发展以生态农业、藏乡文化等为主的原生态经济，进一步放大生态红利和数字赋能动力，最大程度汇聚各类绿色发展要素，不断催生新产业、新业态成为发展新动力、新支柱，结合美丽乡村建设发展乡村旅游，加快构建香格里拉车厘子小镇现代产业体系，在绿色发展中实现赶超发展。

（二）总体定位

"云端果乡"农旅融合小镇

认真贯彻党中央、国务院决策部署以及云南省政策意见，坚持贯彻新发展理念，把特色小镇和小城镇建设作为供给侧结构性改革的重要平台，因地制宜、改革创新，发展高原车厘子产业，促进经济转型升级，将车厘子小镇建设成集聚特色产业、生产生活生态空间相融合的创新创业平台。

车厘子小镇作为香格里拉实施乡村振兴战略的重要途径，建设美丽乡村的重要抓手，打造健康生活目的地的重要平台和打赢脱贫攻坚战的重要措施，必须立足独特的自然禀赋，充分挖掘特色文化资源，坚持"片区化规划、景区化建设、文旅化融合、产业化联动、生态化提升、党建化聚力""六化"并举，打造在全国乃至世界范围内独一无二的特色高原地区车厘子产业小镇，探索出高原地区乡村振兴的新路径。

（三）形象定位

云端果乡·世外天堂

"云端"有双重含义。一是指"高原农业"体现小镇的特色农业产业与香格里拉地理特征结合，探索发展高效特色的高原经济模式。二是指"互联网农业"体现坚持发展科技农业、互联网农业，充分实现农业生产、销售与运营线上线下一体化发展。

三、重点内容

（一）优化空间总体布局，统筹小镇功能板块

本项目总体空间布局为"一心引领，一环串联，三区支撑"（见图15）。

一心为小镇客厅服务核心。建设集车厘子小镇旅游接待、藏族文化展示、农产品展销等功能于一体的"小镇客厅服务核心"。

一环为小镇产业发展环线。串联小镇藏民原乡体验区、农旅融合示范区、乡村双创孵化区三大功能区及各功能区的重要产业业态。

三大功能区。藏民原乡体验区突出藏族原乡风情的打造，对藏族传统村落的格局、乡村景观等资源进行挖掘和改造提升，植入民俗饮食、藏族跑马场、藏族民宿等旅游功能，打造成具有独特少数民族风情的特色藏族风情乡村部落；农旅融合示范区以高原车厘子采摘为特色亮点，实现车厘子全产业链运营，主要包括种子种苗、种植示范、产品加工、网络销售的产销一体化服务，实现车厘子从田间地头到社区家庭的无缝流通，打造新时代高原地区农旅融合示范区；乡村双创孵化区以数字乡村的建设，加快推进乡村创新创业的深化落实，建设乡村双创孵化区，推动互联网与特色农业深度融合，发展创意农业、认养农业、观光农业等新产业新业态。

图15　总体空间布局

（二）构建产业发展体系，打响产业特色品牌

构建香格里拉车厘子小镇"1+3"产业体系，一个品牌引领："香格里拉"，三大产业板块支撑——"高原果蔬＋藏乡体验＋数字农业"，推动小镇产业高质量发展。

品牌引领：依托"香格里拉"现有品牌知名度，打造全国知名高原车厘子特色品牌，依托自然环境资源和民族文化特色，树立特色小镇品牌，设计品牌LOGO（见图16），实现品牌价值化、产品标准化、经营生态化。

高原果蔬：整合土地资源，实行土地集中流转，选择优势品种，扩大种植规模，优化种植结构（见图17），实现农业生产的高效集约化管理。以现有的车厘子为基础，进行产业延伸，从农业种植到产品研发、经营种植、产品销售、智慧农业形成闭环，同时通过农产品深加工、电子商务、农创文旅等推动农业产业链上下游融合。

图16　香格里拉车厘子品牌LOGO设计

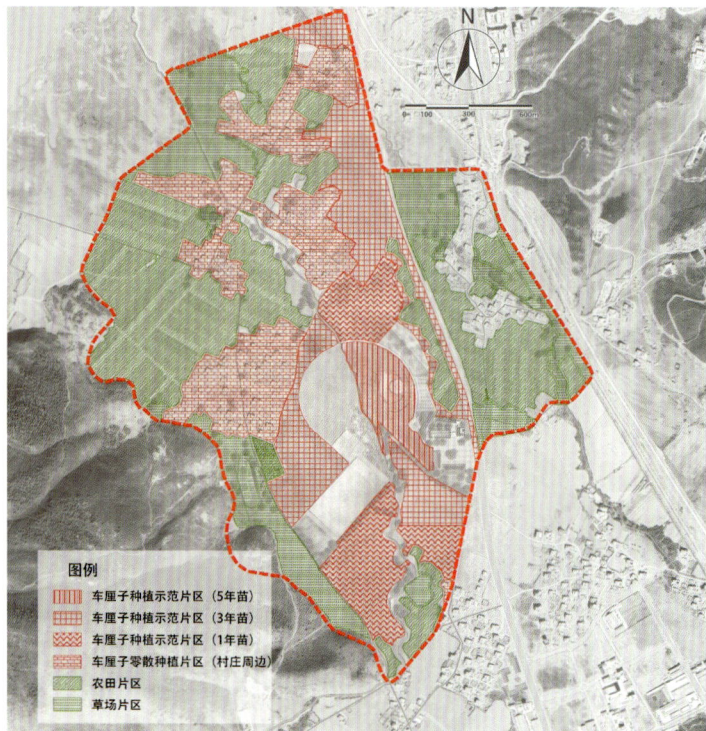

图17　车厘子种植布局图

藏乡体验：依托藏族特色文化及原生态自然环境，联动香格里拉旅游资源发展特色乡村旅游业，带动民族特色民宿、特色餐饮、农事体验、农业双创等特色旅游项目发展，实现农旅双链发展。

数字农业：以数字科技强力驱动，未来走向国际。以车厘子种植和藏族特色为基础，向农村文创、农村电子商务、农业金融、智慧农业和数字农业拓展。

（三）建设美丽宜居乡村，激活乡村闲置空间

香格里拉车厘子小镇内涉及撒拉、达拉、吾努三个村庄，本次规划对入口形象、村庄道路、屋顶立面、院落空间、矮墙围栏、公共空间、标识标牌等统一进行风貌提升改造，改善乡村人居环境，激活乡村闲置空间，为乡村发展特色业态，实现从集体经济壮大和村民增收做好基础性工作（见图18）。

图18　村庄重要节点整治设计

（四）引导乡村旅游发展，丰富小镇特色业态

本次规划构建"全民、全景、全时"的车厘子小镇旅游体系，深入推进五大主题的乡村旅游产品。

休闲农业与乡村旅游：回归自然，欣赏纯净田园风光，远离都市喧嚣，深入感受和体验当地乡土文化，在休闲惬意的环境中放松身心，找寻自己，回归本源。

民族文化体验旅游：针对当地历史地理、风土人情、传统习俗、生活方式、文学艺术、价值观念有浓厚兴趣的人群，对民族文化全面立体多维度展示。

亲子研学旅游：在与校园不同的环境中拓宽学生视野、丰富知识视野，增强家长与孩子之间的互动体验，培育自理能力、创新精神和实践能力。

创新创意旅游：适合偏爱创意产业、创新产品的人群，偏好富有文化内涵的绿色健康有机农产品的人群，乐忠于农业科技、创意农产品研发的人群。

户外运动旅游：包括攀岩、野营、赛马、骑行等多种形式的活动，分为大众户外运动、常规户外运动、专业户外运动等不同级别。

（五）建立利益联结机制，带动村民共同富裕

构建合理的"企业＋社区集体＋农民"的利益联结机制，保证企业与社区充分发挥在产业发展和实体运营中的作用，基于园区社区参与公共服务质量不高、集体经济实力薄弱、农民参与建设积极性不高等现状，在车厘子小镇内成立社区管委会，促进农民组织合作化、组织化蓬勃发展，实现农民在车厘子小镇发展中的收益分配、就近就业和积极创业。

第一阶段：产业培育实现精准脱贫

农民通过与企业进行产业扶贫、政府补贴、园区务工、获得产业分红等获得性和交易性参与方式，实现精准脱贫。

第二阶段：大农业＋实现全面小康

通过企业提供园区技术、平台、品种，构建多种企业与集体项目合作等方式，实现龙头带动＋订单种植＋合作运营的模式，突出集体经济的重要地位，实现企业、社区和农民的桥梁式利益联结体制的构建。

第三阶段：旅游 + 自主创业乡村振兴

社区积极引导农民创业，企业将部分旅游衍生服务外包给农民，让农民通过完善的创业机制主动参与到车厘子小镇的建设中，企业通过农业生产和商业活动等在一产、二产、三产三个方面均获得收益，社区也从车厘子小镇的盈利中获得收益，农民、企业和社区三者形成紧密联结的利益共同体。

四、项目亮点

坚持"政府引导、企业主体、群众参与、市场化运作"的发展思路，构建"政府 + 企业 + 合作社"综合型运营管理模式，由政府、企业和农民合作社共同建设。

（一）政府行使公共职能

明确政府在车厘子小镇建设中的职能。包括投入必要的基础设施项目建设、车厘子小镇的整体市场推介以及其他非营利性投入。政府的经济目标和农户托盘增收目标、企业的利益目标通过车厘子小镇实现有机结合，体现综合效益。

加强政府在市场管理上的"宏观调控"职能。一是为车厘子小镇提供平台，包括创业政策、信贷政策倾斜等；二是完成总体规划，划分各功能区块并建立完善的基础设施和支撑服务体系；三是建设优越的生产生活环境和集成创新文化环境，吸引企业（包括私人、非政府性机构）等新型投资主体跟进具体各组团内项目的建设。

（二）企业主导投资建设

香格里拉车厘子小镇应建立"政府搭台、企业唱戏、突出特色、创立精品"的基本方针，采用"1+1+N"的经营管理模式，即以政府统一搭建平台，以 1 个龙头企业（贵澳集团）为主导，结合 N 个农民合作社、小型企业等实施项目的落地建设和经营管理。

龙头企业作为车厘子小镇的建设主体，承担其所负责项目的投资及经营权，包括产业平台、管理平台的创建，车厘子小镇建设以及针对从业人员（包括原住民）的培训和机构管理，同时，应着重带动当地农户参与建设和经营，实现企业与当地农民共同增收。

（三）农民合作社为主要载体

特色小镇要真正实现群众参与，必须以农民合作社为主要载体。通过农民合作社集合政府、农民、村集体与企业的优质资源，推动车厘子小镇的健康发展。

车厘子小镇的建设有赖于多方主体的共同参与，同时也是农民自己的发展平台，农民参与管理的途径是村集体进行决议，与此同时开发企业与政府又需要对合作社管理进行指导，由此形成农民为主，多方合作的合作社管理模式。

五、实施成效

项目自 2020 年 6 月初开工，截至目前，项目一期工程已完成 50%，二期工程前期工作正在开展中。

未来园区计划通过 2~3 年的努力，完成规划建设，顺利开园；完成国家

4A 级旅游景区申报；完成 2 万亩车厘子的推广种植；4653 户贫困户收入持续增加，完成 100 户致富带头人的培育；园区二产加工和三产康养项目顺利启动。

通过五年的努力，把园区建成中国高原车厘子核心基地，以园区为主成功申报国家级的产业示范园，在整个迪庆州完成 5 万亩车厘子的推广种植，完成 20 个 50~400 亩的小园区建设，完成 300 户致富带头人的培育；康养项目顺利建成，一二三产实现融合发展。

远期来看，园区将努力成为助推香格里拉现代农业产业发展的孵化器和发动机，示范园顺利资本化，香格里拉 1+N 模式成为藏区扶贫主导模式。

2021

云南文化和旅游规划设计
优秀成果集

红河"东风韵"小镇艺术 IP 设计、策划服务

——以让艺术回归生活，为理念打造超级 IP 品牌 [1]

东风韵原创艺术小镇（以下简称"东风韵"）是云南省特色小镇、云南省首批文化创意与相关产业融合发展示范基地，小镇位于云南省红河州弥勒市南部，是"滇南福地"弥勒市旅游第一站，占地面积 3.69 平方千米。东风韵以文化艺术为核心，以"原创艺术、艺术产业、艺术体验"为特色，融合绿色生态、智能智慧的建设理念，计划打造成"立足云南，面向世界，中国唯一，世界一流"的文化艺术交流殿堂。作为一个"从无到有"的文旅特色小镇项目，东风韵"原创艺术"IP 属性显著，但目前游客对小镇的基本印象仅停留在"艺术氛围浓郁的网红打卡小镇"。作为中国生活美学提质者，东风韵需要构建全新的 IP 品牌体系，通过全新的品牌定位、品牌宣传口号、品牌代言人及品牌活动，提升品牌高度与市场影响力，实现小镇的艺术价值焕新与体验内容升级。

---

[1] 编制单位：上海奇创旅游集团
　　文稿执笔人：栾竹轩

一、IP品牌的价值与意义

（一）IP品牌的定义

众所周知，IP是"知识产权"英文"Intellectual Property"的简称，IP是人类智慧的凝结，是赋予创造文化、创新知识主体的一种特殊权利，具备超级内容生命力与商业价值。而品牌从宏观意义上来说是人们对企业及其精神、文化、产品、服务及售后的一种评价和认知，是一种信任背书。"IP品牌"是品牌IP化的良性结果，能够通过极具特色的内容、自带话题度的传播与扩散，产生口碑，最终走入消费者生活中，实现商业转化。

文旅行业打造IP品牌的案例数不胜数，日本熊本县打造"熊本熊IP"，通过有趣的人设、故事、产品及营销，引爆县域旅游品牌，推进熊本县从落后的农业大县蜕变为旅游大县；美国迪士尼，通过"卡通IP+超级内容"的品牌打造方式，构建了以IP为核心的完整文娱产业链；中国"故宫文创"，以传统文化再创新的方式，让故宫走进生活，成为新时代的"网红IP"品牌。

IP品牌具备"超级符号""超级内容""超级记忆"三大核心要素。对文旅企业而言，IP品牌是情感化、人格化的内容载体，可为企业构筑具备生命力的无形资产；对文旅消费者而言，IP品牌是拥有温度感、故事性的认知印记，可为消费者带来历久弥新的吸引力；对文旅项目而言，IP品牌是无法复制的知识产权，可为项目构筑不可模仿的竞争壁垒。

（二）IP品牌的价值

对于东风韵而言，IP品牌具备"内容、产品、运营"三大纬度的价值，它能够为小镇持续输出内容，制造市场声量，提升品牌高度与影响力；能够为小镇持续创造产品，实现多元营收，增强产品体验与盈利点；更能够为小镇提升用户黏性，吸引粉丝，助力消费，快速圈粉变现。

二、IP品牌打造路径

（一）项目问题剖析

在对东风韵进行资源盘点、产品罗列、营销分析后发现，小镇具备优质的资源禀赋，有自然资源、建筑资源、艺术资源、属地物产资源，同时有红酒文化、非遗文化、民族文化、美食文化等多元文化体验，未来更将推进文旅融合、产旅融合，打造葡萄酒产业中心、亲子度假酒店等品质感艺术生活空间，是原创艺术主题的一站式休闲度假目的地。然而小镇目前存在一系列问题，如品牌理念不清晰、艺术价值未凸显、产品体验缺内容、营销宣传无抓手、二销商品少消费、产旅融合未显形等，作为一个"从无到有"的原创艺术小镇项目，东风韵"艺术IP"属性明显，但可消费产品缺失，文旅产业对周边产业的赋能较弱。打造IP品牌的意义，就是为项目寻找乃至创造消费的理由。

（二）IP品牌策略思考

伴随着体验经济时代的来临，是否能够获得理想的旅游体验成为游客出行的核心动能，更是目的地是否能够良好运营的关键。因此，是否具备市场性，能打破艺术高冷的传统认知，拉近与消费者之间的心理距离，是否具备匹配性，能与所在区域在品牌理念层面形成链接，全面融入大弥勒旅游圈，是否具备差异性，能实现与同类型产品产生差异性体验。确立市场唯一性，是东风韵IP品牌打造的前提要素。

1. 客源市场锁定

后疫情时代，本地游和周边游成为主流且将持续较长周期，作为弥勒旅游第一站，东风韵区位优势明显。并且在艺术旅游市场，一、二线城市虽然是艺术消费主要聚集地，但三、四线城市的消费力也在稳健增长。基于此，我们将以昆明为核心的周边云南年轻市场，作为东风韵一级客源市场。昆明是云南最大的旅游过境地，做好昆明市场，便是东风韵走向全国、影响国际的第一步。我们将云南其他重点城市及西南重点城市如大理、成都、重庆等作为重点拓展市场；北上广深都市圈等全国高收入城市及东南亚、上合组织国家等作为重要机会市场。

2. 客群需求明确

"80后""90后"都市年轻人、亲子家庭成为艺术活动、线上艺术品消费的主力群体，亲子艺术游学也成为家庭旅游及艺术美育的重要手段与有效途径。东风韵当下客群以老年人为主，吸引消费能力更强、更年轻的客群，是增强品牌活力、提升品牌市场影响力的重要手段。我们将客群锁定在"年轻客群""亲子家庭客群""品质度假客群"及"艺术专项客群"身上，通过对人群画像的白描，寻找与东风韵的共鸣点，我们发现东风韵希望吸引的是"能花钱、会享受、敢尝鲜、爱生活"的一群人，他们追逐新鲜潮流，彰显个性崇拜；敢于释放自我，富有创意情怀。"寻找同类，创意生活"是目标客群的核心需求。

3. 品牌理念传达

云南省计划到2025年打造世界一流的绿色能源、绿色食品、健康生活目的地"三张牌"，东风韵所在的弥勒市，近几年依靠发达的交通使得其成为最年轻的旅游城市，并围绕"现代田园城市，健康生活福地"城市定位，大力推进旅游全域发展，打造世界一流健康生活目的地。"微笑的弥勒"是弥勒旅游品牌口号。大肚能容，笑口常开，微笑是情绪的表达，是弥勒的核心旅游体验，也是弥勒的生活态度。作为中国生活美学提质者，让艺术提升大众审美，让艺术回归平常人的生活，让艺术为生活带来微笑，是东风韵传递的品牌态度。

4. 品牌差异化研究

通过对浙江杭州云栖小镇、江苏常熟云裳小镇、宁夏银川华夏河图银川艺术小镇、河北保定野三坡百里峡七彩艺术小镇案例的分析发现，中国特色小镇纯靠文旅无法生存，特别是以艺术文化为核心的特色小镇或景区，普遍运营困难，即便需求捕捉准确，也难以负担大额的运营成本，仅停留在观光打卡层。必须依靠核心产业支撑，才能维持长久的生命力。

5. 品牌策略制定

打造东风韵的IP品牌，不能仅仅考虑广告传播等传统价值，更需要基于未来运营需求展开工作。东风韵项目整体策划需要基于"运营思维"，打造IP品牌，基于市场需求，最大化释放自身价值。"东风韵"的价值不仅在于建筑等有形资产，更在于艺术文化资源等无形资产。

三、IP品牌体系构建

（一）IP品牌形象体系

1.IP品牌功能定位

对于政府，打造东风韵"艺术产业小镇"，为区域的产业升级和结构转型提供动能；对于企业，打造东风韵艺术智慧工厂，为企业持续提供产品创新理念和多元销售渠道；对于游客，打造东风韵艺术化旅居空间和属地物产艺术化体展销综合平台，为弥勒填补旅游六要素中"购"的空白；对于周边社区业主，打造东风韵艺术生活社区，提供知识提升及圈层拓展等服务。

2.IP 品牌价值主张

东风韵不仅仅是景区，更是艺术品又不止于艺术品，它是每个热爱生活、热爱艺术之人的温暖伙伴，它用赤忱之心，为人们打造出一个现实中的乌托邦。树立构建"国际原创艺术价值共同体"的发展理念，明确"让艺术东风，触手可及，让艺术回归生活"的发展使命，传递"人人都能成为生活的艺术家"价值主张。

3.IP 品牌宣传口号

以"东风韵，陪你做生活的艺术家"作为全新的 IP 品牌口号来进行传播（见图19）。陪伴是最长情的告白，通过口语化的表达可以强化宣传口号的传播效率，降低传播成本。突出生活、艺术两大关键词，强化东风韵艺术绝非传统高冷艺术，而是生活的艺术，聚焦项目的核心价值。强化东风韵伙伴一般的"陪伴"感，渴望成为生活艺术家的人群，每年应当至少来一次东风韵提高客户重游率，强调情感的沟通。更可以运用到景区内酒店、餐饮、商业等各个板块及景区外地产、招商、政府推介等领域，高效延展运用。

图19　东风韵IP品牌宣传画面

4.IP 形象设计

东风韵原创艺术小镇，建筑为形，艺术为魂。基于"东风韵，陪你做生活的艺术家"品牌理念，秉承"色彩感、符号化、易延展"三大设计原则，我们提取了从小镇红土地上长出来的网红建筑"万花筒"的外轮廓，作为设计原点，打造出 4 只憨态可掬的"艺术之灵"（见图 20、图 21）火噜噜、黄赳赳、土小满、魔力橙，并设计系列 IP 场景作为东风韵的超级符号，构建超级内容。

图20　巡视小镇

图21　晒太阳

（二）IP 品牌产品体系

以 IP 文创商品、IP 活动产品为两大核心。IP 文创商品聚焦 IP 形象的延展与应用，创建东风韵文创品牌"东风琢物"，打造系列 IP 产品。并盘活小镇闲置空间资源，开设 IP 主题文创集合店（图 22、图 23），放大 IP 变现价值。

以原创艺术为核心，以培育产业为目标，通过"综艺造热度、赛事创产品、节庆带销售"的运营模式，打造"东风国际艺术节暨中国首个原创艺术潮流文创设计实战真人秀"IP 节庆产品，以"属地物产包装、生活用品设计、学习用品设计、非遗文化产品跨界"等为每期赛事主题，打造系列产品，将文化性、艺术性、娱乐性相结合，打造首个中国文化创新的王牌节目，塑造东风韵独特的文化气息与核心 IP，吸引年轻人及高净值人群关注和参与，为艺术产业持续赋能。

未来通过授权或共有版权的形式，将大赛优秀作品落地东风韵进行巡展，并结合东风韵自由艺术资源，打造系列装置艺、服饰艺术、戏剧秀演等，丰富小镇旅游资源，提升小镇艺术内涵。未来通过赛事的延续举办，东风韵将会沉淀越来越多的艺术作品，形成真正的沉浸式艺术体验目的地。

图22　东风韵文创品牌

图23　主题文创集合店

2021

云南文化和旅游规划设计
优秀成果集

昆明市晋宁区麻大山康养森林公园概念性规划

——全家人的森林公园之旅 [1]

为加快麻大山国有林场改革步伐，充分发挥国有林场在推动生态文明建设中的重要作用，实现麻大山林场区域资源、环境、社会和经济的可持续发展，特编制本规划。基于林场大部分区域位于生态红线内、红线外区域基本为林地的现状，本项目的总体思路为：在符合法律、法规要求的情况下，尽量减少建设，充分利用现有自然资源条件和基础设施，打造以康体休闲、户外运动、自然教育为核心产品体系的麻大山康养森林公园，以"麻大山·全家人的森林公园"为总体定位，努力打造"国有林场改革试验区、中国森林康养主题度假区、云南户外运动旅游示范区、青少年研学旅行示范基地"。

[1] 单位：西南林业大学城市设计院
文稿执笔人：邱守明、杨君杰

一、规划背景

麻大山国有林场总管护面积 1450 公顷，是晋宁区仅有的一个国有林场，始建于 1958 年，属公益一类全额拨款事业单位，其森林资源是林场的主要管护对象。林场生产和管护的森林产品属于公共产品，有维护生态、改善环境、保护生物多样性等方面的公益性。

在麻大山林场管辖的林地范围内，林区内基础设施陈旧落后。其中，未通水、电，无固定电话路线，无互联网络的管护（检查）点有 6 个，林区大多管护站点房屋为 20 世纪 60 年代建造，简陋破旧，多已鉴定为危房，急需修缮。

财政拨款除满足基本的工资及办公需求外，不能进一步满足林场护林防火、林政管理、生态文明建设、林业科技研究、基础设施建设等所需费用，麻大山林场在生态建设、管理现状等方面与国家和群众的要求不相适应。

在此背景下，林场方急迫希望改变现状，希望能够通过林场良好的生态环境和资源，寻找到新的发展模式。

二、项目基础

森林景观类型单一，森林结构层次不明。目前，麻大山林场森林景观多为人工云南松、华山松针叶纯林景观，仅混杂有少量针阔混交的天然次生林，总体观赏价值有待发掘和改造。

基础设施陈旧落后。可通车防火通道及进场道路均未硬化，多数道路崎岖不平，可进入性有待提高。林场的建筑设施仅有瞭望台和管护（检查）点，内部设施较为简陋，难以承担接待服务，林区水资源匮乏，多数用水需要人工运输。

资源管理压力大。林场森林资源动态管理未建立，管护面积大且分散、地形复杂，有农地、坟地，且周围厂矿、企业、村社较多，破坏林地私挖盗采不法行为时有发生，森林防火及林政管理工作压力大（见图 24）。

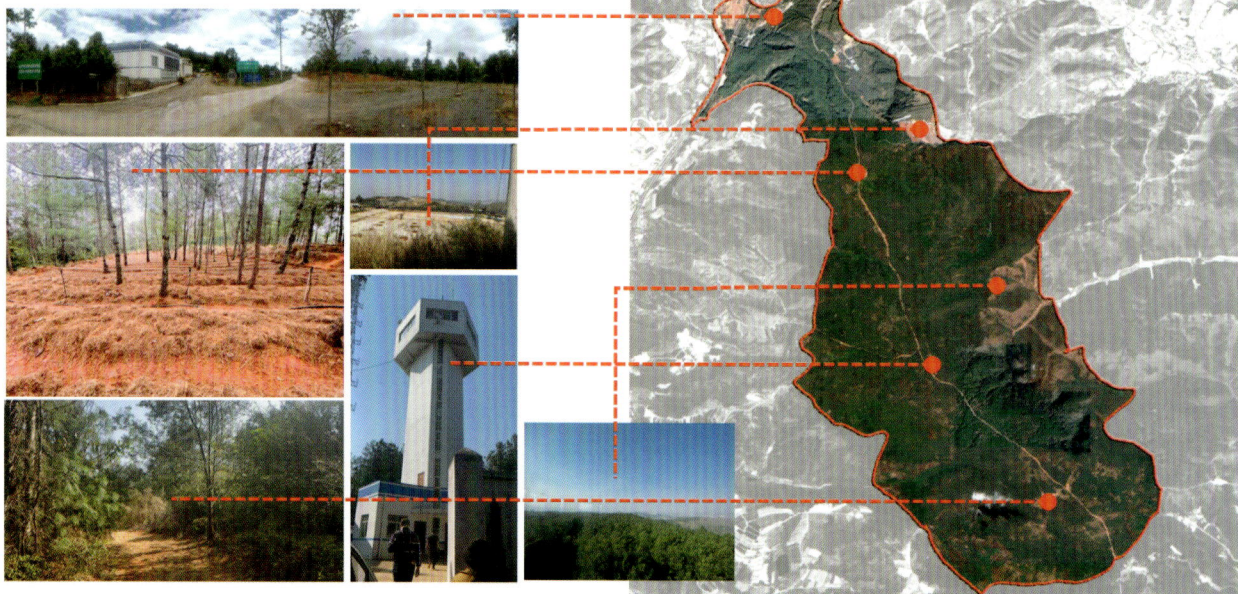

图24　麻大山国有林场现状

三、项目难点

经过对资料的梳理和现场勘探，编制组发现规划范围大部分位于生态红线内，红线外的部分也几乎是林地，可开发、建设的用地几乎为零，现有的唯一一条道路也基本在红线以内，这就决定了本项目难以开展相关基础设施和项目的建设。因此，本项目最大的难点在于：如何利用现有的条件，在符合法律、法规要求的情况下开发出适合市场需求且能够落地的产品（见图25）。

图25　麻大山生态红线

四、开发思路

针对项目地块几乎没有可建设用地的现状，项目组充分讨论后，创新性提出：少建设甚至不建设、充分利用现有自然资源条件和基础设施，打造以康体休闲、户外运动、自然教育为核心产品体系的麻大山康养森林森林公园。

五、总体定位

致力将麻大山打造为全家人的森林公园、国有林场改革试验区、中国森林康养主题度假区、云南户外运动旅游示范区和青少年研学旅行示范基地。

六、规划方案

（一）空间结构

项目共分为三个功能区，分别为森林康养服务区、户外运动体验区和自然教育拓展区。森林康养服务区的发展思路是：以林场自然景观为基础，通过将现有林场办公室改造成游客服务中心、区域范围内对荒坡进行绿化，把片区打造成整个康养森林公园的游客服务体验区。户外运动体验区的发展思路是：充分利用原始的自然资源特色，在该片区打造骑行越野、户外拓展运动、帐篷营地等。自然教育拓展区的发展思路是：结合丰富的森林资源和相对平缓的地势，打造自然教育学校、暗夜星空营地、老年活动中心、林间木屋、康养步道等核心产品（见图 26）。

空间结构

3大功能区、5大产品、N多乐趣

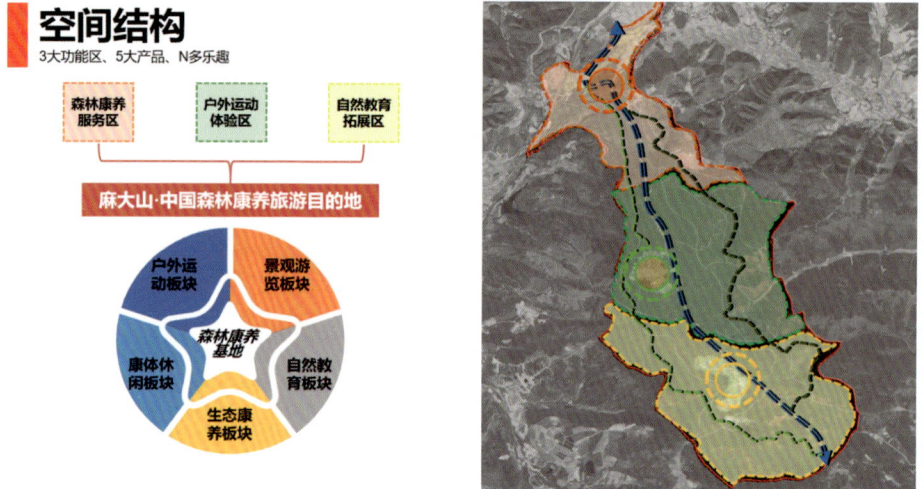

图26 麻大山康养森林公园空间结构

（二）项目策划

项目布局（见图27）。

项目布局

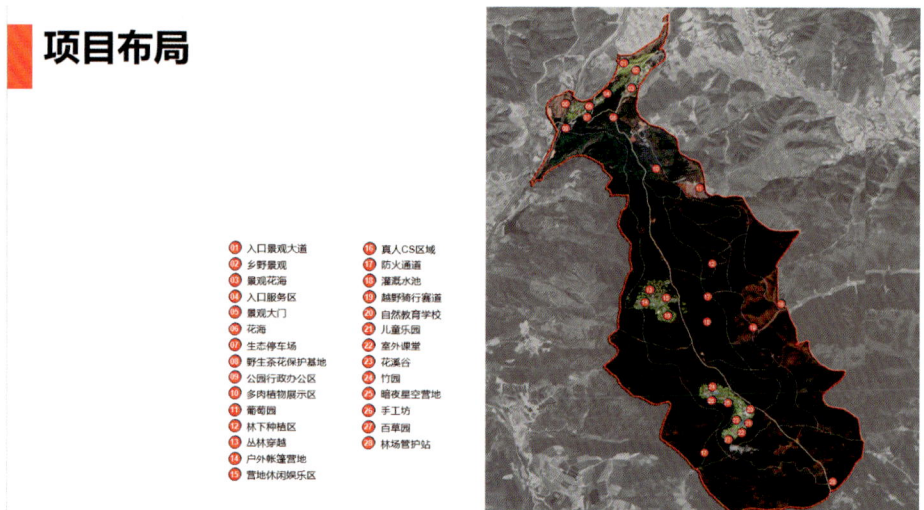

图27 麻大山康养森林公园项目布局

1. 森林康养服务区

森林康养服务区的产品主要有入口景观大道、花海、果蔬采摘园、游客服务中心等（见图28）。

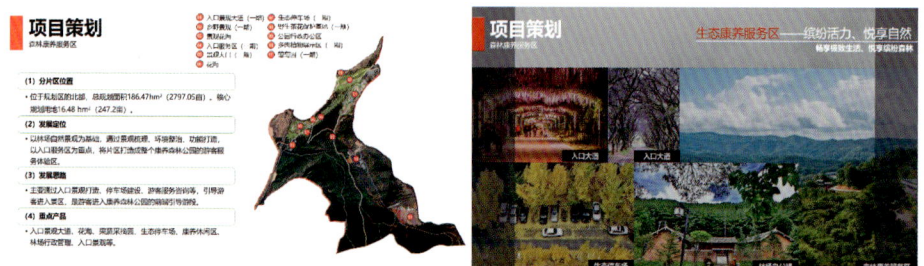

图28 森林康养服务区项目策划及意向

2. 户外运动体验区

户外运动体验区的产品主要有丛林穿越、森林帐篷营地、真人 CS、越野骑行赛道等（见图 29）。

图29 户外运动体验区项目策划及意向

3. 自然教育拓展区

自然教育拓展区的产品主要有冥想花园、五感园、手工坊、室外课堂、山地卡丁车、萌宠乐园、百草园、竹园、趣味迷宫、自然教育学校、野外素质拓展、儿童乐园、室外课堂、花溪谷等（图 30）。

图30 自然教育拓展区项目策划及意向图

2021

云南文化和旅游规划设计
优秀成果集

清水司莫拉佤乡乡村振兴战略规划

——边疆民族团结的乡村振兴示范标杆[1]

　　在云南省全力打造乡村振兴云南样板，浓墨重彩绘就新时代"七彩云南·富春山居"的美丽画卷的背景下，腾冲市抓住机遇，创建全国乡村振兴示范区、世界健康生活目的地，扎实推进清水乡乡村振兴试点工作。本规划以莫拉佤乡实施乡村振兴战略过程中存在的问题为导向，从厘清资源禀赋与机遇挑战、明确乡村振兴发展目标与战略、规划乡村振兴空间结构与布局、制定乡村振兴具体行动计划、落实乡村振兴工作重点项目、完善乡村振兴保障体制机制六个方面，制定了一套完整的乡村振兴战略实施蓝图，探索出一条具有腾冲特色的乡村跨越发展道路。

[1]　编制单位：浙江大学城乡规划设计研究院有限公司
　　　文稿执笔人：沈海波、王聪

一、规划背景

2020 年 1 月，习近平总书记在腾冲市清水乡司莫拉佤族村考察时对该村脱贫攻坚工作及成效给予了肯定。习近平总书记强调，全面建成小康社会，一个民族都不能少，要加快少数民族和民族地区发展，让改革发展成果更多更公平惠及各族人民。

习近平总书记指出，脱贫只是迈向幸福生活的第一步，是新生活、新奋斗的起点，要在全面建成小康社会的基础上，大力推进乡村振兴，让幸福的佤族村更加幸福。应贯彻落实习近平总书记的要求，巩固脱贫攻坚成果，树立"司莫拉经验"、边疆民族团结示范标杆。

清水乡位于腾冲市中南部，腾冲机场坐落其中，是国家级生态乡镇，地热资源富集、品质较高，具有很高的观赏、科考和疗养价值。清水乡历史文化悠久，古村落、名胜古迹和边关遗址众多，是"南方古丝绸之路"上的重镇之一。在实施乡村振兴战略过程中，清水乡存在产业联动不足、文化挖掘较弱、集体经济薄弱、政府主导为主、农民参与不强等突出问题。

二、思考过程

（一）规划思路

项目组按照"产业兴旺、生态宜居、乡风文明、治理有效、生活富裕"的总体要求，围绕"农业强、农村美、农民富"的总体目标，以"城乡共生共建共融"及"产城村一体化发展"为主旋律，并推动资金、技术、人才等要素"上山下乡"，架起城乡要素资源互融互通的桥梁，将"三农"资源转化为创富资本、创业乐园和幸福家园，努力构建"工农互促、城乡互补、共同繁荣"的新型城乡关系。

牢固树立生态发展理念，紧握临空区位优势，发挥热海景区客源带动作用，彰显民族特色，实现融合发展，以美丽公路环线建设为串联，推动全乡跨越式发展。着力打造产业生态、城乡融合、民族团结、乡村全面振兴的新清水。

（二）技术路线

《清水司莫拉佤乡乡村振兴战略规划》通过详细的实地调研，结合基础资料、上位规划，对项目进行综合研判，从总体定位、主题形象、发展目标三个方面，对项目进行精准定位，牢牢抓住清水乡乡村振兴的核心主线，以五大建设路径和规划重点、四大落实措施，推进乡村全面振兴。具体规划技术路线框架如图 31 所示。

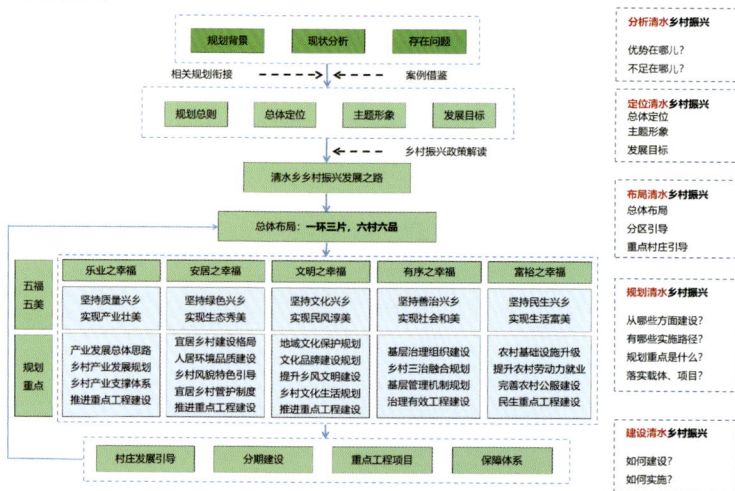

图31　规划技术路线框

（三）总体定位

国家5A级旅游景区
国家级乡村振兴示范区
乡村振兴民族融合发展的清水模式

到2022年，围绕总体布局基本构建清水乡村振兴发展新格局，建成1条乡村振兴精品示范环线、1个引领全乡的幸福佤乡、多个乡村振兴精品示范村，乡村振兴取得重大进展，制度框架和政策体系基本形成，农民生活质量进一步提升，城乡融合发展体制机制建设取得明显进展，农业农村现代化加快推进。

到2035年，乡村振兴取得决定性进展，农业结构得到根本性改善，农民就业质量显著提高，农村生态环境根本好转，城乡基本公共服务均等化基本实现，城乡融合发展体制机制更加完善，乡风文明达到新高度，乡村治理体系更加完善，农业农村现代化基本实现，乡村全面振兴。

努力实现农业强、农村美、农民富，为实现全面小康做出贡献，并努力打造成"产业兴旺、生态宜居、乡风文明、治理有效、生活富裕"的乡村振兴示范镇。

（四）形象定位

青山秀水·幸福乡村

"青山秀水"：意取成语"山清水秀"，首尾藏"清水"地名，指清水为"山清水秀"之地；**"幸福乡村"**：牢记习近平总书记的期盼"让幸福的司莫拉更加幸福"，提出"幸福乡村"概念，作为乡村振兴的目标之一。

新时代的"幸福乡村"：乐业，安居，文明，有序，富裕；也正是"产业兴旺，生态宜居，乡风文明，治理有效，生活富裕"二十字方针的五个方面。

三、重点内容

（一）规划范围

清水乡东西宽9.7千米，南北长13.2千米，国土面积118.9平方千米。全乡辖6个村民委员会，26个自然村，64个村民小组。

（二）空间布局

本项目总体空间布局为"一环三片，六村六品"（见图32），其中：

1. 一环

乡村振兴示范环以美丽公路环线，串联清水全乡各功能区块，作为清水乡全乡域乡村振兴统领环线。

2. 三片

三大发展片区包括古寨乡旅示范片、农旅融合发展片、现代农业培育片。

3. 六村六品

（1）古寨乡旅——良盈

立足镇邑关、蔺家寨等边关古寨文化底蕴，联动谷家寨、蔡家寨、蔺家寨、老羊河、半个山等自然村寨，打造古寨乡旅主题示范村。

（2）佤乡风情——三家

主要以中寨为核心，立足中寨司莫拉佤族村打造农旅融合特色小镇，带动周边区域。

（3）民宿示范——荆陈

依托司莫拉核心景区的建设以及陈家寨现有民宿产业基础和群众基础，大力发展乡村民宿产业，做好司莫拉核心景区的食、住、行等配套服务。

（4）温泉休闲——大寨

依托热海温泉、黄瓜菁温泉，做好沿线村寨旅游配套服务产业，整体打造温泉休闲主题的乡村度假区。

（5）现代农业——驼峰

利用驼峰社区现状集中连片的产业用地格局，作为清水乡发展现代特色农业的培育基地，探索清水农业高质量发展路径，实现农业转型升级示范。

（6）农旅休闲——清水

主要以刘家寨、乐所冲、老街子等村寨为主，依托热海景区及司莫拉景区必经路线的优势，发展农旅休闲产业。

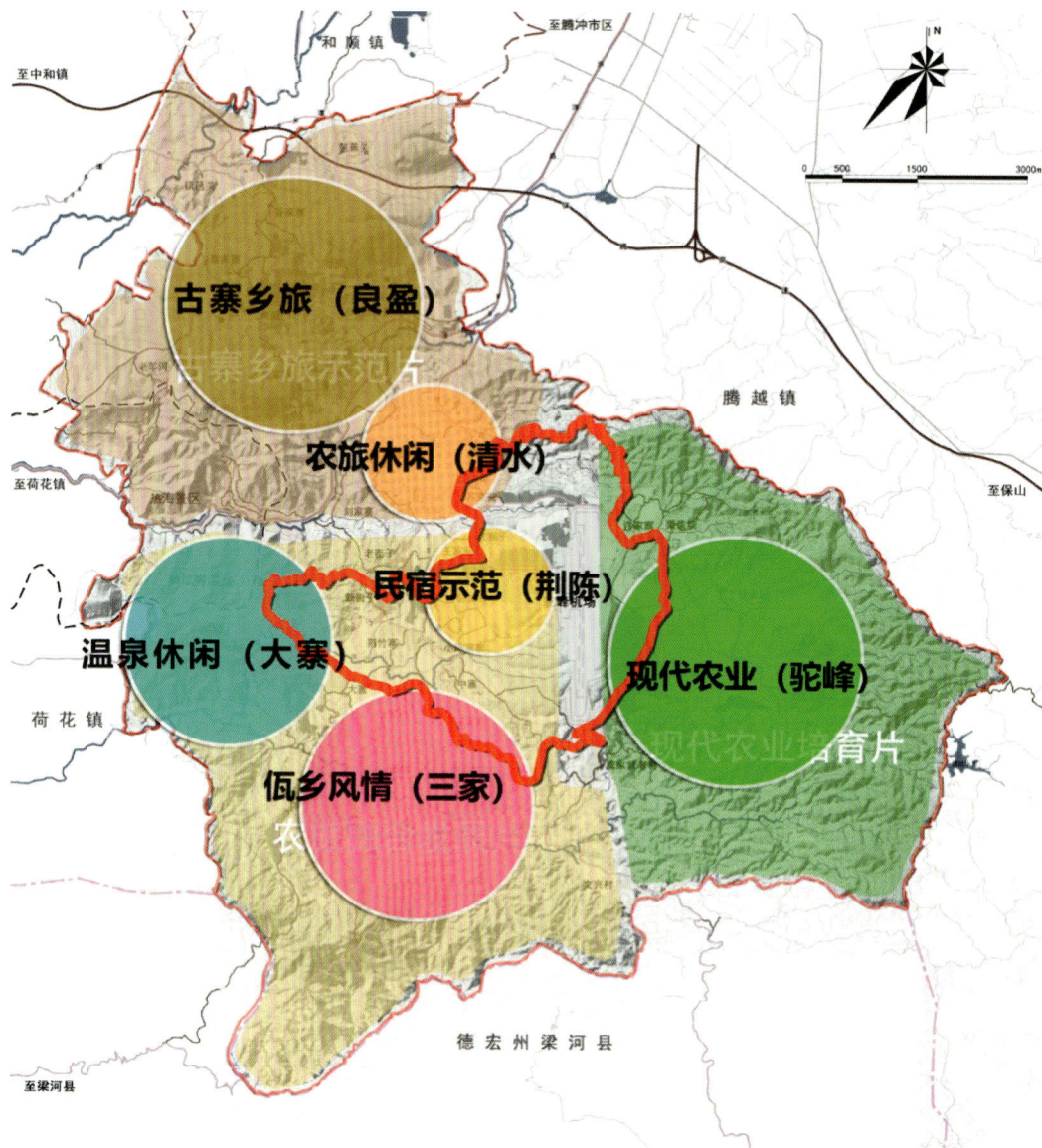

图32　总体空间布局

（三）完善农业产业体系，推动产业融合发展

清水乡遵循生态理念振兴"两特三新"，促进"一二三产融合发展"的农业产业发展思路，着力完善农业产业总体布局，以优化农业产业体系、生产体系、经营体系为抓手，加快推进构建现代农业体系，提高农业综合效益和竞争力。坚持生态发展理念，把增加绿色优质农产品供给放在突出位置，重点发展一主（"药"）一副（"茶"）两个特色产业，农产品加工物流、乡村休闲旅游、农村信息产业三大新兴产业，突出一二三产业融合发展，合理推进产业适度规模发展，走农业产业的精品化路线，助农民增收，促产业兴旺。

项目组以腾冲市入选云南省"一县一业"中药材示范县为契机，大力发展中药材种植产业，同时挖掘腾冲悠久的中药材种植历史、厚重的中医药文化底蕴，积极推进腾冲市腾药产业园和伴手礼加工园的建设，将农产品升级为农业礼品；结合司莫拉核心景区、热海景区、临空客厅（腾冲驼峰机场）建设，作为特色产品的展示展销窗口，实现清水产业"一产种植、二产加工、三产旅游配套"的融合发展（见图33）。

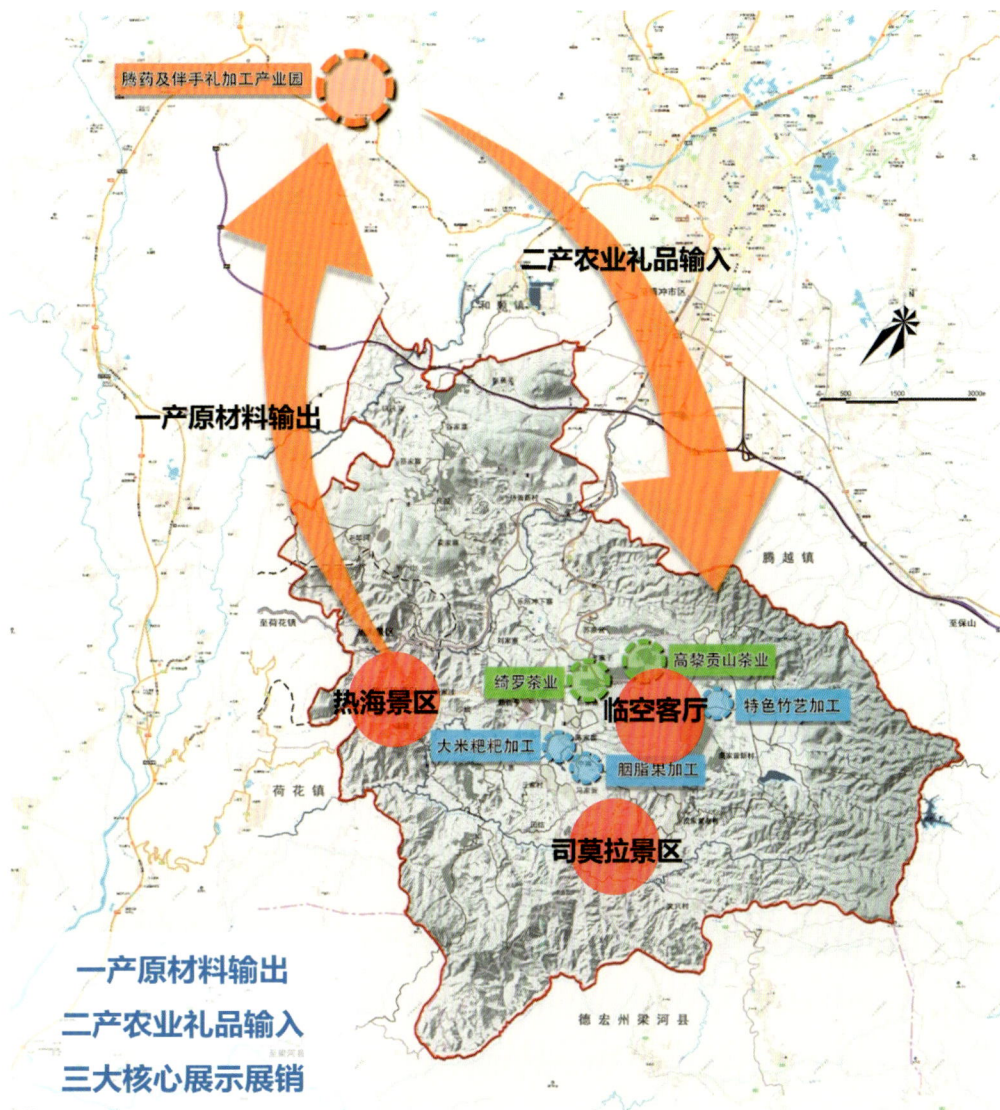

图33　清水乡一二三产业融合发展布局

（四）串联乡村旅游发展，带动村民增收致富

谋划形成一环两核三线的乡村旅游发展新格局。建设一条乡村振兴示范环线；重点发展中寨幸福佤乡、热海温泉景区，形成两个旅游核心支撑点；以重点村庄为载体，打造康养产业、佤乡风情、古寨乡旅三条乡村休闲旅游主线（见图34）。

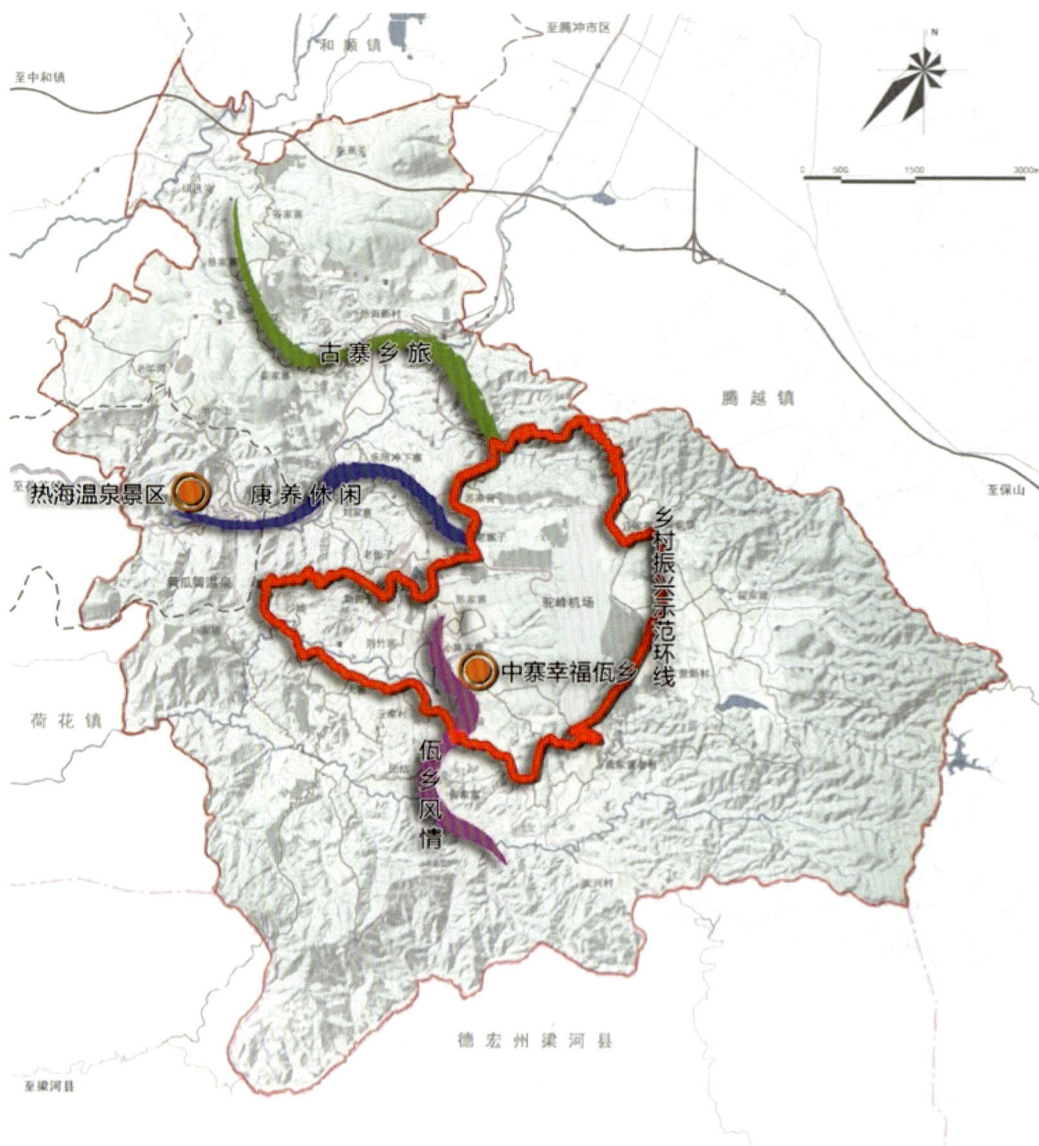

图34　清水乡乡村旅游发展格局

（五）改善农村人居环境，建设美丽宜居乡村

项目提出清水乡美丽宜居乡村的发展路径，推进布局合理化、环境品质化、风貌特色化、管护制度化的"四化"建设，对应优化宜居乡村建设格局、提升人居环境品质建设、加强村庄风貌特色引导、完善宜居乡村管护制度四个方面的规划重点内容，统筹推进美丽集镇、美丽公路、美丽庭院、美丽田园、美丽乡村风景线、生活污水、垃圾分类、厕所革命等九大项重点项目，全面提升清水乡乡村人居环境，改善乡村风貌。

四、项目特色及亮点

牢记习近平总书记"让幸福的佤族村更加幸福！"的殷切期盼，统筹谋划和科学推进清水乡乡村振兴战略，全面落实乡村振兴战略二十字方针的总要求，在推进产业融合发展、美丽宜居乡村、打造善治乡村、推动乡村文化振兴、补齐民生短板等方面，因地制宜制定了一系列重要措施，系统解决清水乡在推进乡村振兴过程中的各类难题，谋划"六村六品"，统筹推进村庄发展，做到乡村振兴战略一张蓝图绘到底，建设清水司莫拉幸福佤乡。

（一）产业重点、融合发展

本次规划的内容以壮大乡村产业，促进农民增收为重点，确定主导产业，发展新兴产业，依托腾冲市入选云南省"一县一业"中药材示范县的契机，实现清水"一产种植、二产加工、三产旅游配套"的融合发展和产业循环。

（二）六村六品、分类推进

本次规划根据六个村庄的发展现状、区位条件、资源禀赋，谋划"六村六品"的分类示范引导，统筹推进村庄发展。

（三）全面布局、有序推进

项目在推进美丽宜居乡村、打造善治乡村、推动乡村文化振兴、补齐民生短板等方面，因地制宜制定了一系列重要措施，统筹布局、分步推进，做到清水乡乡村振兴战略一张蓝图绘到底。

（四）地域文化、特色彰显

将本地佤族文化和习近平总书记强调的幸福文化相结合，依托本地热海温泉、传统古村落、佤族村庄等资源，发展乡村旅游，彰显本地特色文化。

（五）旅游带动、乡村振兴

结合腾冲整体旅游市场基础，以发展乡村旅游作为乡村振兴的重要突破口，带动乡村整体风貌提升和农民增收致富，推进司莫拉佤乡乡村全面振兴，不负习近平总书记对司莫拉更加幸福的殷切期盼。

五、实施成效

本次规划实施以来，清水乡全面落实各项任务，重点推进"一条生产生活道路、一条幸福游览线、一个司莫拉佤寨、一个司莫拉之家、一张司莫拉品牌、一座云谷农业公园、一部司莫拉文化演出、一套创新经营体制、一村一个带动示范项目、一套区域旅游协同发展方案"的"十个一"工程。围绕乡村振兴做大做强"幸福"文章，加快推进农业农村现代化，积极探索实践乡村振兴、民族融合发展的清水模式。此外，要进一步挖掘佤族文化，完善配套基础设施，吸引更多游客前来体验司莫拉的幸福生活。

（一）基础设施方面

在原有基础上完成实施"美丽公路"、寨内环境整治和"透绿"工程，建成幸福树公园、幸福小巷和农特产品一条街，司莫拉幸福烤吧、幸福餐厅建成营业，大米粑粑厂投产投用，农耕文化、观光农业体验项目稳步推进，洗手台、旅游公厕、景区导览系统等旅游设施提质，户厕改造、污水收集全面完成，寨容寨貌更美，旅游品质更优。

（二）乡村旅游方面

依托旅游资源，腾冲市清水司莫拉幸福佤乡旅游专业合作社挂牌成立，采用"党支部 + 公司 + 合作社 + 农户"模式，将农户吸纳为合作社社员，组织群众发展乡村旅游。合作社通过盘活老茶园、研发农特产品、引进司莫拉餐厅、发展粑粑制作、生态研学等积极拓展乡村旅游业态，农户也自发建起了农家乐、民宿，从事农特商品售卖。

（三）乡村治理方面

设立了"爱心脱贫超市"，推选产生了"自管组"，推行"巷长制"，落实"十条村规民约"，深化"门前三包"和"最美庭院"评比，开展了茶艺、接待礼仪、农民画、民宿等培训，内生动力得到有效激发，村庄始终以干净、整洁、有序的形象呈现在游客面前。

永胜县程海镇河口村特色景观旅游名村振兴规划（2020—2035 年）
——以乡村旅游引领滨湖村落振兴发展 [1]

　　九大高原湖泊是云南省独特的旅游资源，在云南省打造世界一流"健康生活目的地牌"的总体布局中，高原滨湖地区村庄如何借助机遇实现产业振兴发展是当下滨湖区域乡村振兴的重要命题。本次规划通过挖掘河口村历史文化、民族文化及湖泊文化等特色资源，构建村域旅游产业发展体系，通过综合整治及产业用地保障强化规划的可实施性，对该类型村庄规划具有一定借鉴意义。

[1]　编制单位：云南省城乡规划设计研究院
　　　文稿执笔人：彭桢、达俊文、何蓉

一、规划背景

党的十九大做出了实施乡村振兴战略的重大决策部署。明确坚持农业农村优先发展，按照产业兴旺、生态宜居、乡风文明、治理有效、生活富裕的总要求，加快推进农业农村现代化。其中，产业兴旺作为乡村振兴的经济基础，是解决农村一切问题的前提，要求始终坚持以农民为主体，以乡村优势特色资源为依托，支持、促进农村一二三产业融合发展，建立现代农业产业体系、生产体系和经营体系，打造农业全产业链，拓宽农民增收渠道，让广大农民过上更加美好的生活。

在云南省打造世界一流"健康生活目的地牌"的总体布局中，河口村作为程海湖滨村落，位于大滇西旅游环线的核心区域，拥有发展旅游产业的极佳优势。如何利用这一机遇，通过旅游产业的发展带动村庄产业振兴，是本次规划的主要目的（见图35）。

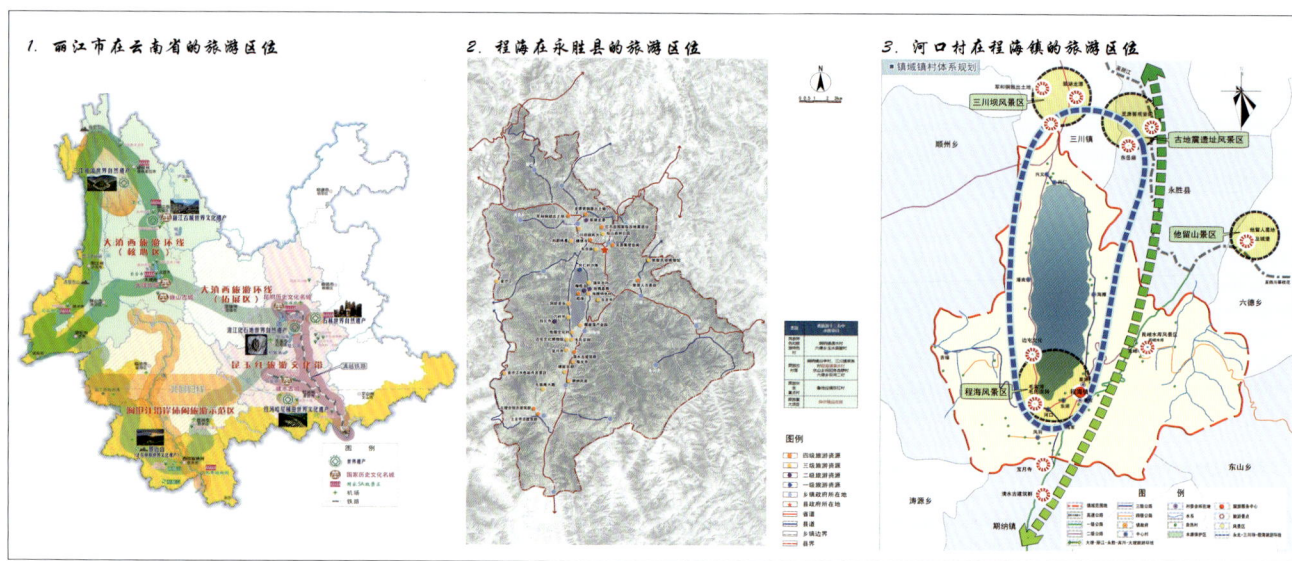

图35　旅游区位图

以上三张图依次来源于《云南省国民经济和社会发展第十四个五年规划和二〇三五年远景目标纲要》《永胜程海总体规划（2017—2035年）》《丽江市永胜县程海镇总体规划（2010—2030年）》。

二、村庄特征

（一）"千年河口乡愁浓"——一个底蕴丰厚、民俗风情浓郁的文化村落

"河口"在历史上是程海湖的出水口、程河的起始点，如从"程河"之名算起，迄今已有1200多年的历史，如今是程海镇下辖河口村的名称。河口村历史悠久，拥有丰富的历史文化资源，曾是大理进藏茶马古道上的重要驿站。主要历史遗迹有河口状元寺、河口文庙、马军河遗址、金兰村天子寺。金兰村彝族刀杆节、程海洞经音乐、耍龙及河口滇戏独具魅力，尤其是金兰村彝族刀杆节是程海湖流域最具代表性的民族文化之一（见图36）。

（二）"依山傍水风光美"——一个拥有多样风光、多元肌理特色的滨湖村落

河口村下辖6个自然村，其中，新华、街南、街北、海沿为汉族村寨，金兰、玩鹰庄为彝族村寨。6个自然村在临湖、坝区、半山各有分布，形成了独具魅力的肌理特征，或村落田园交融，或村湖相生，或依山就势，错落有致，风光无限。

（三）"金沙丽水潺潺不绝"——一个湖泊治理与科普旅游相结合的示范村落

"金沙丽水"是程海湖应急补水工程的补水口，位于河口村，补水工程将金沙江的水引入程海湖，增加程海湖入湖清洁水量，遏制程海湖水位持续下降，增加程海湖水体循环和水动力，是湖泊治理的典型科普示范点，在程海湖畔"金沙丽水"石碑下，金沙江水奔涌而出，潺潺流入程海湖，以"金沙丽水"为核心的科普湿地公园与程海湖滨湖生态廊道相连，芦苇丛生、鸟集鳞萃。

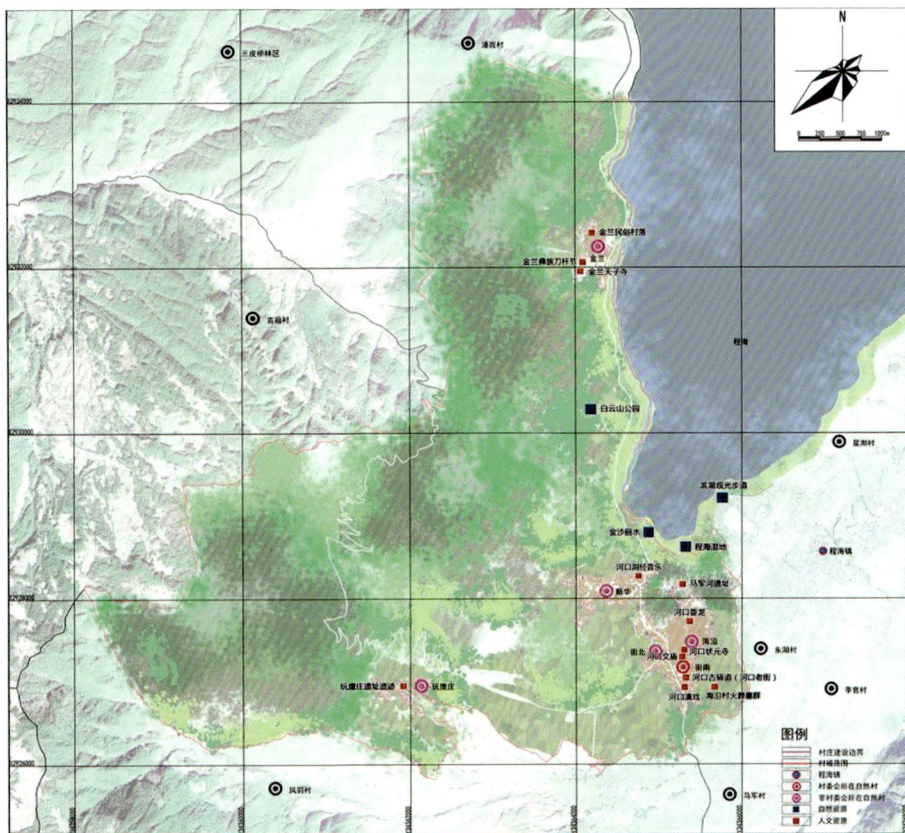

图36　旅游资源分布

三、项目核心思路

（一）总体思路

本次规划深刻把握"保护程海湖，就是保护河口村持续发展的灵魂"这一内涵，始终把保护程海·聚落的空间环境资源及文化放在第一位，紧抓区域旅游发展机遇，以"生态富村、旅游活村、文化强村"为主旨，围绕乡村振兴的总要求，激活村庄内生发展动力，打通生态价值、文化价值转换通道，实现乡村振兴发展。

（二）发展模式

基于程海湖旅游发展的潜力以及村庄拥有的优质区位、特色民俗文化资源、湖泊治理的科普示范意义，同时考虑农业面源污染给湖泊水生态带来的威胁，河口村确立了"旅游引领，农旅融合"的特色化发展模式。

同时，实施以"旅游业＋农牧业现代化＋现代服务业＋美丽宜居"为核心的四轮驱动策略，实现从传统农业向现代农业的转型升级，构建乡村振兴的产业支撑格局。

四、主要做法及措施

（一）格局构建上，打造多层次、多维度的三产融合发展格局

在严格遵循底线约束的前提下，以最大化发挥空间环境资源、土地资源、文化资源等资源特色为出发点，基于河口村本地特征，从临湖区到坝区到半山区，从耕地、园地、林地、草地，因地制宜划分产业空间，构建三产融合的发展格局，最大化村庄国土空间利用效率，形成"四区一带"的村庄产业发展格局（见图37）。

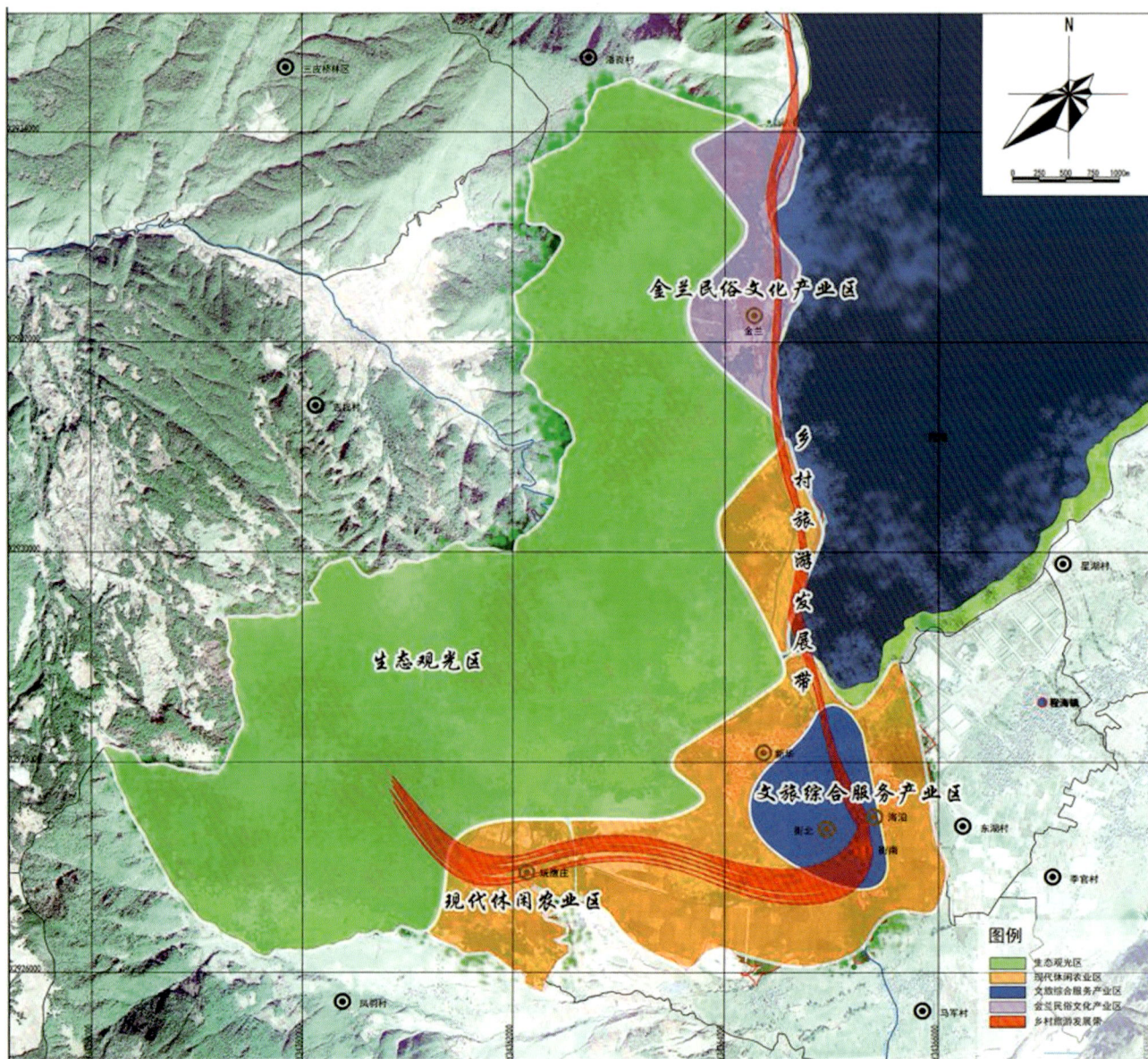

图37　功能分区

文旅综合服务产业区：乡村旅游服务中心，为游客提供购物、住宿、餐饮等旅游综合服务。

金兰民俗文化产业区：以"刀杆节"为代表的民俗文化为核心，形成以民俗节庆、滨湖休闲为主体的产业发展区。

现代休闲农业区：发展石榴、葡萄、柑橘等特色农产品，打造规模化种植园，发展观光农业、休闲农业，强化农旅融合发展，建设成云南省绿色有机示

范基地。

生态观光区：在保护的前提下，合理利用河口村优美的自然资源，建设山区观景廊道，打造山林休闲体验产品。

乡村旅游发展带：依托程海湖风光、河口民俗文化资源，集合核心旅游项目，打造乡村旅游发展带。

同时，重点打造形成三大旅游产品，即滨湖观光度假游、民俗文化体验游及田园休闲慢行游。

滨湖观光度假游：依托程海湖自然风光及交通区位优势，借助程海湖旅游健康养生区及旅游服务核心区的发展带动作用，结合河口特色民俗文化，兴建民宿、游客服务中心等，提供度假、娱乐、康体休闲等服务。

田园休闲慢行游：以休闲为主题，利用农林景观、农业生产活动、农艺技术及农村生态环境等，打造田园观赏、农事体验等农旅融合产品，使游客享受乡村独有的休闲与自然的宁静。

民俗文化体验游：依托村庄风貌的整治提升及民俗文化的内涵挖掘，把以金兰民俗文化为代表的原味文化融入旅游发展之中，扩大"刀杆节"等传统节庆的影响力，丰富河口旅游业内涵，增强旅游发展活力。

（二）品牌构建上，在本底特征上提炼三大品牌建设思路

每个自然村的文化内涵、品位都不一样，只有深挖文化和生态，并通过优良的生态和优质的服务，才能把文化和生态优势转化为生产力，把乡村文化以及青山和绿水变成经济和社会效益。河口村下辖 6 个自然村特征各异且鲜明，本规划贯彻品牌的打造要彰显每个自然村的文化内涵、品位的总体思路，重点构建"茶马商贸文化 + 金兰民俗部落 + 半山民宿"三大品牌，让每一个自然村都以自身鲜明的"品牌"特征，融入高原湖泊旅游发展格局中，形成"点面"结合的发展模式，焕发乡村自身"造血"功能。

（三）项目引领上，以"历史文化 + 民族文化 + 湖泊治理科普示范"为核心，策划重点项目

项目引领上，形成金兰民俗文化部落、"金沙丽水"湿地公园、河口文化老街三大核心项目以及创意农场、品牌民宿及绿色采摘庄园等配套项目，以项目串联旅游线路，同时，实现文化活态应用（见图 38）。

1. 金兰民俗文化部落程

依托程海湖畔唯一的一个少数民族村寨——金兰村，传承该村祖辈流传的民俗文化，游客可参观民俗展馆、观看歌舞声乐表演、品尝民族特色米酒和美食，居住历史悠久的古屋建筑、体验金兰人礼仪文化以及独特的风土人情。

2. 河口文化老街

河口老街是程海湖畔唯一的茶马古道，历史上是程海镇的集市区，部分老街建筑仍保留着当地传统民居特色，且基本空置。本次规划通过闲置建筑再利用，打造集茶马文化、商贸文化、民俗文化为一体的特色街区。

3. "金沙丽水"湿地公园

依托"金沙丽水"是程海湖应急补水工程的补水口，打造科普湿地公园，在保护湿地生态环境以及进行科普教育研学的同时，亲身体验湿地的自然风光，廊道、水草和芦苇，配合民谣音乐趴等活动项目，构建一个生态画廊。

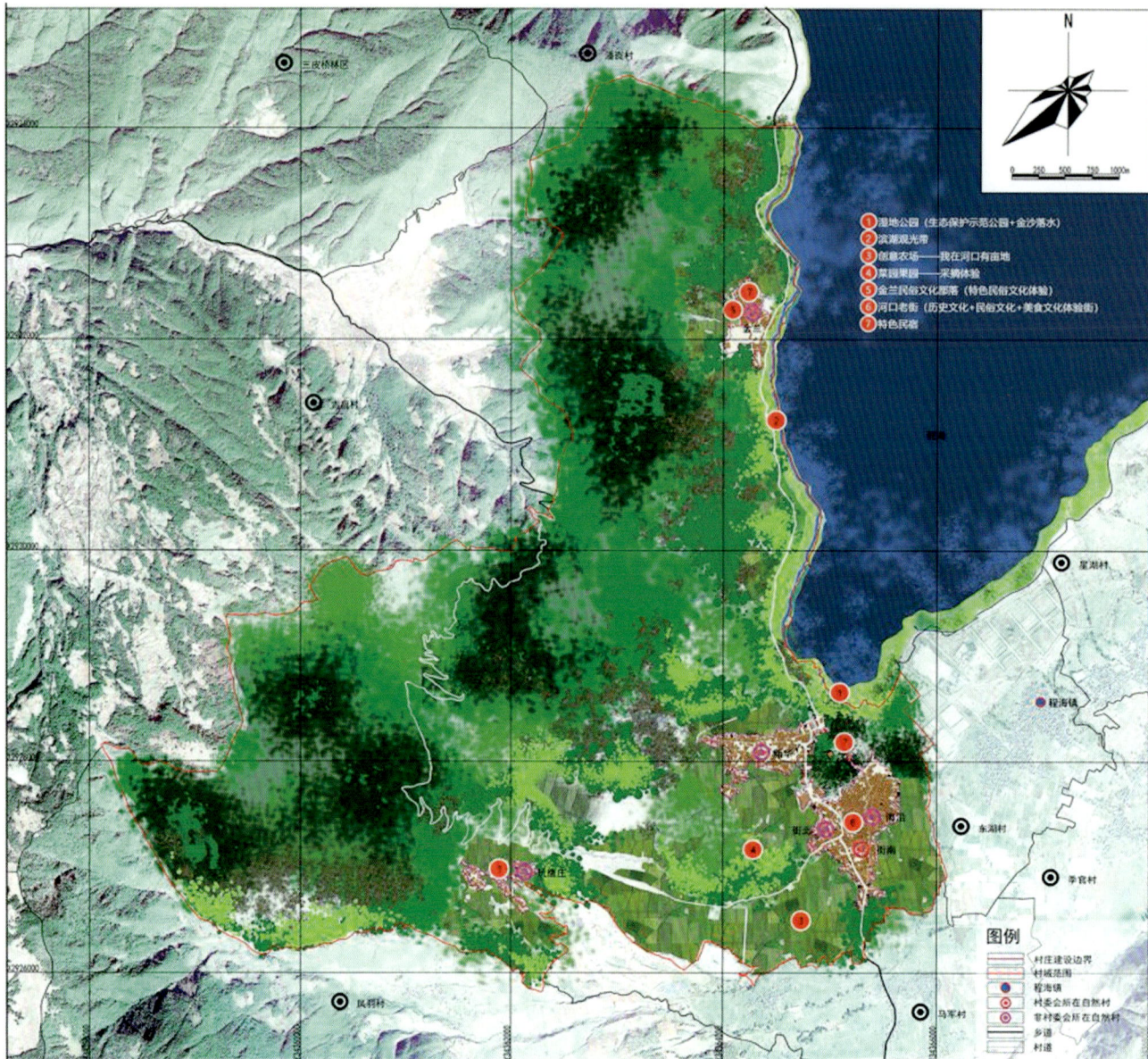

图38　总平面布局

（四）环境提升上，以"建筑风貌＋五小三公一体系"为核心，实施综合整治

对村庄建筑风貌整治进行分区引导，重点整治金兰村集中建成区及河口老街。对保护类建筑进行修缮，通过"修旧如旧，有机更新"，焕发老建筑的新活力；对与传统风貌不协调类建筑实行分区引导。金兰村集中建成区及河口老街重点进行建筑外立面及屋顶改造，如阳台、窗台美化等；其他区域以建筑外立面清洁整修为主（见图39）。

按照"五小（小菜园、小果园、小花园、小庭院、小广场）三公（公共厕所、公共停车场、公共道路）一体系（垃圾清理和污水排放）"的整治方案，全面提升村庄人居环境。通过存量挖掘梳理，增添绿化与广场空间，打造小花园及小广场，对小菜园、小果园及小庭院进行环境整治，完善停车场及道路交通体系，实施卫生化厕所改造，加强村庄垃圾集中收集转运及生活污水收集处理，全面提升农村人居环境。

河口老街风貌提升引导

改造前

改造后

图39　河口老街风貌提升引导

（五）实施保障上，多途径、全方位保障产业发展用地

合理布局一二三产业融合发展用地：在海沿村布局物流仓储用地，用于农产品加工、电子商务、仓储保鲜冷链、低温直销配送，拓展农业农村功能，延伸产业链条；街南村布局商业服务业用地，用于旅游服务。

鼓励宅基地复合利用：鼓励对依法登记的宅基地进行复合利用，发展品牌民宿、农产品初加工、电子商务等产业。

设施农业发展用地：梳理全域农业设施建设用地，用于与生产直接关联的烘干晾晒、分拣包装、保鲜存储等。

机动指标预留：村域村庄建设边界外预留不超过新增建设用地规模10%的机动指标，发展休闲观光旅游，加大对乡村产业用地的保障力度。

2021

云南文化和旅游规划设计
优秀成果集

德宏州芒市回贤村旅游总体规划（2020—2030 年）

——从贫困村到示范村的蝶变之路[1]

旅游扶贫是推进脱贫攻坚工作的重要抓手。面对不同贫困程度的贫困村，如何因地制宜谋划切实可行的旅游扶贫路径与模式，实现以乡村旅游助力脱贫致富是时代赋予的重大命题。本次规划在深入剖析回贤村发展乡村旅游条件的基础上，科学谋划了其乡村旅游的发展路径、发展模式、产业体系和社区参与模式，为其成功实现乡村旅游扶贫做出了切实可行的落地指导。此时正值巩固拓展脱贫攻坚成果、全面推进乡村振兴的重要时期，回贤村作为"小地方"个案引发的"大论题"思考不仅值得诸多类似的村寨借鉴学习，也值得学理研究对其做进一步的深入剖析解读与经验总结，以为更多乡村能够切实实现以旅游助推乡村振兴提供样本，并对失败案例进行必要的反思。

[1] 编制单位：昆明赛莱旅游规划设计有限公司
　　文稿执笔人：高尔东、雷宇

一、规划背景

回贤自然村地处芒市东部山区，杂居汉族、德昂族和傈僳族，有农业人口769户3222人，其中建档立卡贫困人口85户306人，贫困发生率10.11%，全村人均纯收入2639元，主要经济来源为挖山卖石，是典型的山区贫困村。因回贤采石场部分矿区位于瑞丽江—大盈江国家级风景名胜区保护范围内，为城市面山环境整治对象，根据《中华人民共和国环境保护法》《瑞丽江—大盈江国家级风景名胜区规划》和《州政府办公室关于开展城市面山公路沿线挖砂采石整治工作的通知》精神，2016年3月17日，芒市人民政府召开专题会议，决定全面关闭回贤采石场。至此，作为贫困村的回贤村一直赖以维系生活的市场经济就此终结，在脱贫攻坚的关键时期，村寨面临着产业何去和收入何来的严峻考验。恰逢此时乡村旅游迎来了新的发展契机，《关于促进乡村旅游可持续发展的指导意见》《农业农村部关于开展休闲农业和乡村旅游升级行动的通知》《中共中央国务院关于实施乡村振兴战略的意见》《乡村振兴战略规划（2018—2022年）》等重磅文件相继出台，六届州委工作报告中也对芒市城市建设提出了新的定位，即要加快建设秀美乡村宜居城市，着力构建城乡协调发展新格局，着力把芒市打造成宜居宜业的生态田园城市。顺势而为，积极主动融入区域发展新格局成了回贤村在变中求生的最佳路径，乡村旅游也就在此时逐渐成了众望所归的破题之匙。

二、思路设想

（一）回贤何以能

- **市场有保障**：坐拥50余万人的本地客源市场。
- **生态有差异**：避暑气候，全年平均气温19.6℃。
- **观景有优势**：五伽峰为近城制高点，可俯瞰全城。
- **产业有基础**：茶叶种植历史久，具有一定规模。
- **历史有底子**：茶马古道途径，土司文化有故事。
- **基层有动力**：基层党组织有想法，村民同意干、愿意干。

（二）回贤如何为

- **跳出资源束缚**，锚定市场区位优势做供给（市场才是最大的价值）。
- **错位发展出圈**，抢占市场空白（跳出传统农家乐模式，做综合性的乡村休闲公园）。
- **以短平快项目迅速吸引市场**（通过低投入的项目建设与实惠消费迅速与消费者形成黏性）。
- **反弹琵琶塑典型**（从开山炸石转向生态保护，加大宣传，塑造典型）。
- **群策群力，合力一处**（合理利用政策，积极整合各类资金）。
- **合理构建运营模式**（既要考虑资源全民共享、红利全民共享，为社区参与留足够的机会，同时也要为外因招商提供足够的余地）。

三、亮点内容

（一）发展思路

认真落实乡村振兴战略、全域旅游战略和云南省旅游扶贫专项规划工作的相关指示精神，坚持科学性、指导性、前瞻性、可操作性的原则，顺应乡村旅游、自驾游、户外运动旅游和康体养生旅游发展热潮，立足规划区的区位优势和资源条件，面向芒市城镇居民，打造轻松有趣的郊野游憩活动集聚区、乡村民宿体验区，通过不断丰富旅游产品体系、完善旅游产业要素、优化旅游发展环境、构建合理运营模式，将规划区建成一个集观光、休闲、娱乐、度假等为一体的乡村休闲公园，构建以旅强农、以农促旅、农旅融合的旅游扶贫示范点，构筑"城市—郊区—乡野—田间"的空间休闲系统。

（二）总体定位

引入"乡村休闲公园"的概念，秉承"田园村落即风景、自然山水即景观、乡村社区即景区、乡村生产生活即文化"的建设理念，整合规划区内的山、水、林、村、园等资源，通过露营地、现代农业庄园、乡村民宿、乡村作坊、亲子农园等乡村旅游业态的培育充分释放规划区旅游资源的观光游览、养老养生和户外运动功能，打造集城郊休闲、避暑度假、康体养生、自驾露营等功能于一体的乡村休闲公园。

（三）空间布局

根据回贤村旅游资源空间分布特征和禀赋特点、开发价值，结合旅游市场的需求与发展趋势，综合考虑乡村旅游发展的内在规律以及乡村旅游发展现状、产业布局、游览路径等要素，充分利用芒市—黑河老坡旅游环线的门户位置优势，以乡村旅游社区环境的生活空间区域、生产空间区域和生态保育空间区域三大空间理论为指导，根据回贤村农户住宅区、农业生产区、生态保育空间的格局和旅游资源分布情况，确定其旅游发展总体布局为"一心一轴五区"（见图40）。

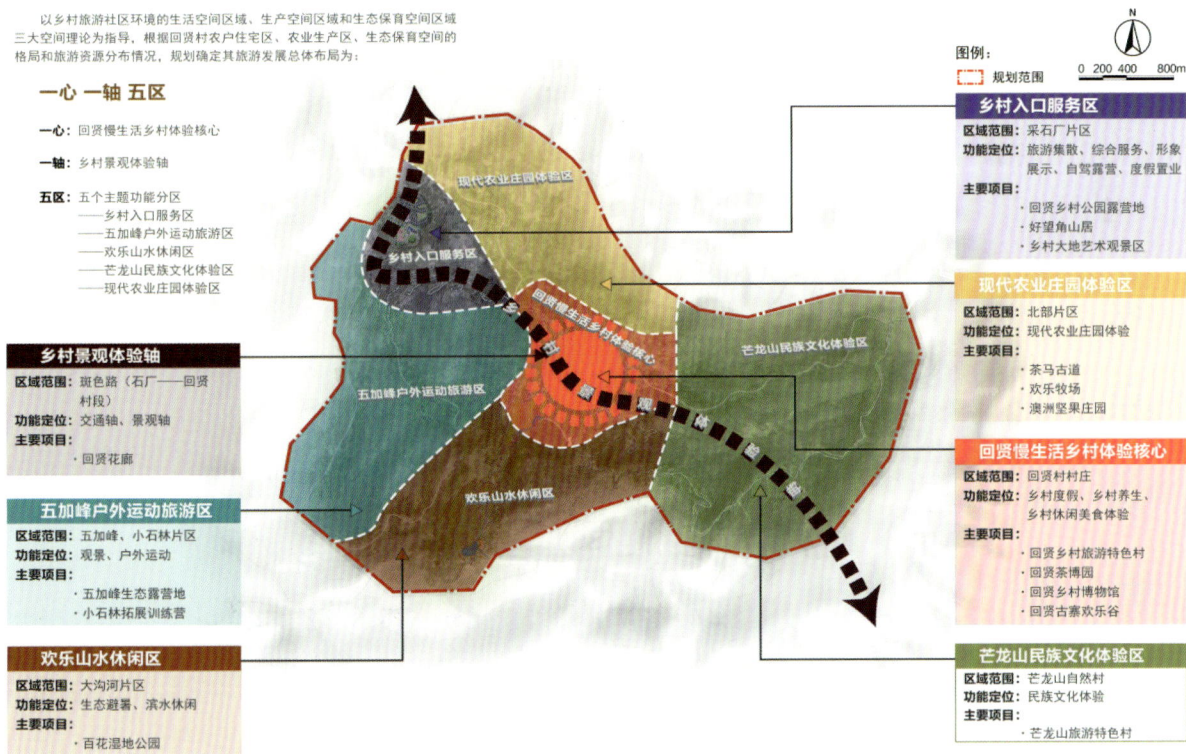

图40 回贤村旅游发展空间布局

1. 回贤乡村慢生活体验核心

【发展思路】充分整合回贤村产业资源，深入挖掘村庄民风民俗，打造一个乡村生活气息浓郁的体验空间。重点深入挖掘回贤村特色美食，大力发展以乡村美食体验为特色的乡村特色餐饮；整合回贤村以做豆腐、酿酒、腌腊肉等为代表的乡村工艺，积极引导和发展乡村作坊，大力发展乡村旅游购物；依托回贤村优质的生态环境和景观资源，借势回贤村三座低丘缓坡特有的景观优势和观景优势，发展乡村民宿。回贤村核心区平面图如图41所示。

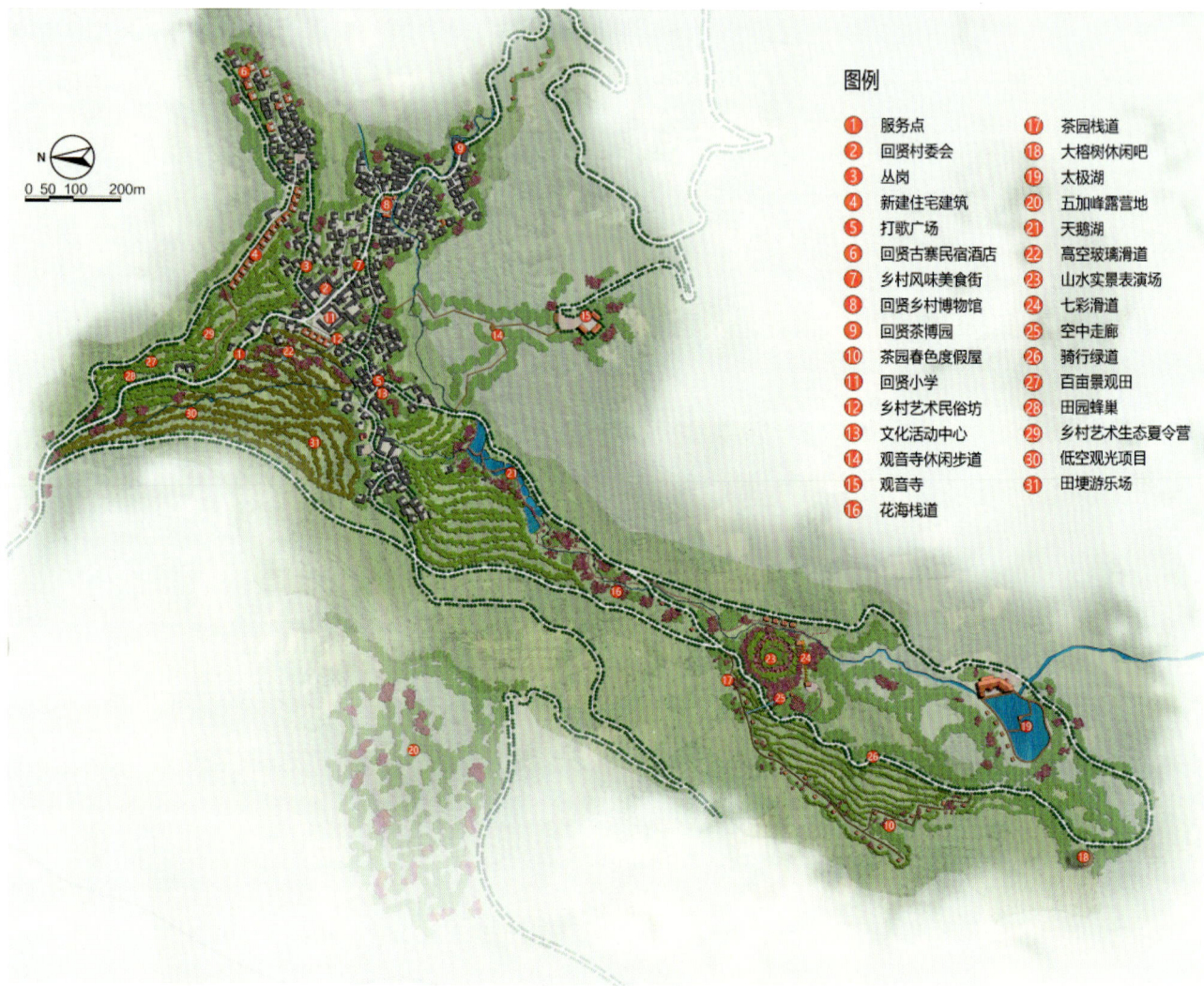

图例

① 服务点		⑰ 茶园栈道	
② 回贤村委会		⑱ 大榕树休闲吧	
③ 丛岗		⑲ 太极湖	
④ 新建住宅建筑		⑳ 五加峰露营地	
⑤ 打歌广场		㉑ 天鹅湖	
⑥ 回贤古寨民宿酒店		㉒ 高空玻璃滑道	
⑦ 乡村风味美食街		㉓ 山水实景表演场	
⑧ 回贤乡村博物馆		㉔ 七彩滑道	
⑨ 回贤茶博园		㉕ 空中走廊	
⑩ 茶园春色度假屋		㉖ 骑行绿道	
⑪ 回贤小学		㉗ 百亩景观田	
⑫ 乡村艺术民俗坊		㉘ 田园蜂巢	
⑬ 文化活动中心		㉙ 乡村艺术生态夏令营	
⑭ 观音寺休闲步道		㉚ 低空观光项目	
⑮ 观音寺		㉛ 田埂游乐场	
⑯ 花海栈道			

图41　回贤村核心区总平图

2. 乡村景观体验轴

【发展思路】结合山体植被恢复工程，充分利用大王棕、假槟榔、杧果、波萝蜜、龙胆、小叶榕、垂叶榕、高山榕、菩提树等芒市当地特色树种作行道树，打造一条四季有花、时时有果的景观长廊。

3. 石场入口服务区

【发展思路】充分发挥区位优势，打造芒市—黑河老坡旅游环线上的综合性旅游服务中心；结合该片区的生态修复与治理，积极发展休闲露营等新业态（见图42）。

图42　石场入口服务区总平图

4. 五加峰户外运动旅游区

【发展思路】立足居高临下可俯瞰全城的观景优势，整合奇峰、秀石、原始丛林等自然资源和仙人洞等历史遗迹，积极开展登山、徒步、骑行等户外旅游活动；通过观景台、登山栈道、休憩设施、帐篷酒店等的建设，提升可进入性与服务品质。

5. 欢乐山水休闲区

【发展思路】在现有茶园的基础上间种樱花和合欢等观花植物，提升景观颜值；整合茶园、河谷、河流跌水等资源，通过沿河滨水休闲设施的建设发展生态避暑、滨水休闲旅游产品；引入滑道、实景演艺等可吸引眼球的旅游项目和设施，营造欢乐的游玩氛围，汇聚人气。

6. 芒龙山民族文化体验区

【发展思路】紧围绕"德昂古村"的主题，以村落为载体将民族文化进行整合后呈现，并将其作为回贤村未来扩展的支撑空间。

7. 现代农业庄园体验区

【发展思路】按照不断优化农业产业种植结构、促进一二三产融合发展以及农旅融合发展的思路，加大澳洲坚果、咖啡的种植推广力度；结合山体绿化恢复工程，种植四季波萝蜜、枇杷等水果，调整规划区产业结构，提高土地利用价值；引导村民规模化养殖，推动回贤村传统农业向现代农业加速转型。

（四）项目体系

根据本项目发展思路与发展定位，课题组按照"短平快"项目迅速吸引市场并形成现金流，"大特精"项目塑造品牌并引领持续发展的原则，系统谋划了整个回贤村近中远紧密衔接的项目体系，包括能够迅速打响知名度、具有地域差异性、可以吸引市场重复消费，并牢固全村旅游开发决心的花海栈道、七彩滑道、空中溜索、景观餐厅、烧烤园、登山栈道等；可以为村民提供广泛参与农家乐、美食街、生态鸟塘、休闲屋等建设的机会；对整个村品牌打造有持续引领和支撑作用的帐篷酒店、露营地、旅游民宿、生态农庄等（见图43）。

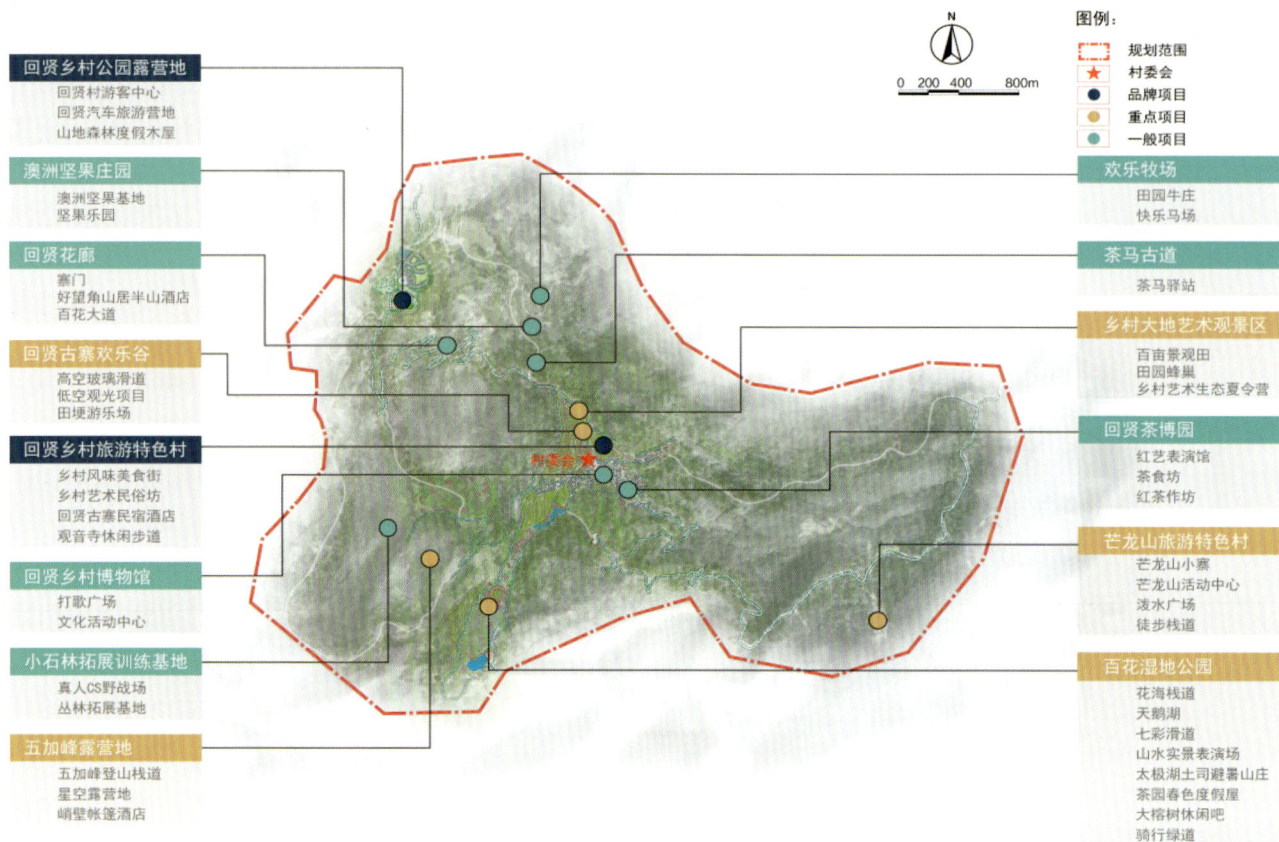

图43　回贤村旅游项目布局

（五）运营模式

· **村民入股和股份确认方式**：资金股为1万元一股，土地和房产暂未确权入股，如有项目引进，则村民可选择将房屋、土地出租或租金入股两种形式参与合作；村内的贫困户则以人头股方式入股，其中，每人占股0.1%。

· **运作方式**：合作社对村内的旅游项目运作方式为与企业的合作，目前已引入德宏盛航旅游服务有限公司建设了七彩滑道和高空溜索项目。在合作中，企业出资建设项目并负责运营管理，占股70%，合作社负责协调土地，进行道路、水电等基础设施建设，占比30%。后期，合作社还将以此种合作模式进行民宿、汽车旅游营地等业态进行招商引资。

· **利润分配方式**：合作社经营项目所得的利润，合作社和村集体留取50%用于后续建设及运作，剩下的50%按照入社村民所占股份进行分红。

· **村民自行运营项目管理方式**：对于村内的农家乐等村民自主建设和运营管理的项目，后期将由合作社统一管理、制定服务标准，并结合淡旺季客流情况进行协调处理，合作社统一抽取经营户利润的6%作为管理费。

四、主要成效

为积极响应和落实生态文明建设的号召与指示，回贤村毅然关闭了全村赖以生存的石场，转而在新的历史格局与发展机遇中，通过因地制宜的深入剖析，"反身"摸索出了聚焦生态保护的新的转型发展路子，真正实现了"绿水青山"到"金山银山"的转化。本规划实施以来，回贤村成立了德宏州第一家乡村旅游合作社——芒市回贤五加峰乡村旅游专业合作社，并整合各类资金 2000 多万元（争取到上海对口帮扶资金 800 万元），先后实施了基础设施、排污、太极湖、文化活动中心、人畜饮水、自行车环线、高空溜索、七彩滑道、乾坤花海等建设项目，使之成了远近闻名的乡村旅游目的地，知名度迅速提高，每年吸引着近 10 万人次游客前来观光休闲、避暑纳凉，有力地支撑了全村 85 户 306 人的脱贫出列，全村人均年收入也由旅游开发前的 2639 元提升到了 6365 元，建档立卡贫困户人均年收入更是达到了 8099.9 元。截至目前，全村共接待游客 62.8 万人次，实现旅游社会总收入 5120 万元；乡村旅游就业人数约占全村劳动力的 18%，全村直接、间接吸纳劳动就业 1250 人，引导村民兴办农家乐 11 家，旅游的发展带动本地农副产品销售等附加效益达 35 万元。2021 年，回贤村成功入选第二批全国乡村旅游重点村、文化和旅游部推出的《体验脱贫成就·助力乡村振兴——全国乡村旅游扶贫示范案例选编》名单。

2021

云南文化和旅游规划设计
优秀成果集

维西县永春乡庆福村乡村旅游规划设计

——田园绿谷 · 水岸原乡[1]

乡村旅游是城市周边最受欢迎的旅游主题之一，乡村要振兴，发展旅游业是关键，实施乡村休闲旅游提升和文化产业赋能乡村振兴是旅游资源禀赋高的村庄如何借助机遇政策实现乡村振兴的重要命题。本规划通过挖掘庆福村历史文化、民族文化及自然资源等特色资源，推进乡村旅游与乡村振兴深度融合，巩固脱贫攻坚成果，对该类型村庄规划具有一定借鉴意义。

[1] 编制单位：云南省设计院集团有限公司
文稿执笔人：施炫、肖家巍

一、规划背景

维西县是全省 27 个国家级乡村振兴重点帮扶县，也是全省藏族聚居区脱贫攻坚的"主战场"。维西县生态环境基底好、自然资源品质优、人文资源禀赋高，适合大力发展乡村休闲旅游产业，以旅游开发推进全域旅游发展，推进旅游与乡村振兴深度融合，巩固脱贫攻坚成果。

永春乡庆福村，旅游资源丰富、交通便捷、公共服务设施完善、农业产业基础较好、民族风情浓郁，具备通过乡村旅游带动乡村振兴的基础条件。目前庆福村具有一定的旅游开发能力，但存在项目小而散、业态单一、旅游影响力局限于县域等问题。应通过总体规划包装旅游资源、丰富旅游业态、推进旅游开发；通过旅游项目的分期实施，提升旅游影响力，完善相关设施配套，以点带面，联动区域共同发展。

二、项目特点

庆福村隶属云南省迪庆藏族自治州维西县永春乡，位于维西县城东南部，距维西县城 23 千米，旅游资源禀赋较高，区域内有 6 个主类、12 个亚类、25 个基本类型旅游资源，脱贫攻坚期间，庆福村坚持旅游扶贫道路，已建成一批旅游项目，但仍存在项目小而散、业态单一、旅游影响力低的情况。因此，如何充分挖掘利用区域内旅游资源形成区域联动发展、构建庆福村产业体系、明确村庄总体定位与发展目标、已建项目与规划项目如何协调、旅游配套服务设施完善与村庄基础设施和公共服务设施建设如何衔接都是本规划需重点考虑的问题。

三、规划思路

（一）规划构思

按照国家、省、州、县对村庄发展的要求，结合庆福村的自身特征，应充分发挥庆福村旅游资源禀赋高、区位优势明显和农业产业基础好的优势，以良好的自然生态基底为条件，以本地文化为特色，通过农业的现代化升级，产业链延伸，推动一二三产业的联动与融合，发展高端农业、乡村文化旅游与田园康养等产业，实现传统文化的回归，乡村的复兴与再造，打造以"田园绿谷、水岸原乡"为旅游主题的集山水休闲、民俗体验、康体运动于一体的水乡田园小镇。

规划形成三大发展重点：一是将旅游空间联动发展作为庆福村发展的重要基础；二是将一二三产业的联动与融合作为庆福村发展的重点研究方向；三是将核心区的旅游项目总体布局和产品体系构建作为庆福村发展的保障。

（二）规划技术路线

项目组结合项目的背景和特色，提出"一个核心原则、四大内容、六个发力重点"的规划技术路线框架。

1. 一个核心原则：通过旅游发展巩固脱贫攻坚成果，衔接乡村振兴。

2. 四大内容：基于大力发展乡村旅游的目标进行详细的现状调研、基础资料收集和分析；基于区域竞合、联动发展的村庄发展思路研究；明确核心区发展目标和定位，核心区旅游项目策划和产品体系构建；建立推动村庄发展的专项支撑体系，保障规划实施的管理措施。

3. 六个发力重点：构建区域联动发展路径、挖掘村庄特色和旅游发展条件、确定村庄发展的定位和目标、策划旅游项目和构建产品体系、配套完善的设施支撑体系、建立有序实施的项目库。

四、规划主要内容

（一）区域联动发展研究

项目组重点对村庄现状的特色资源、产业发展等进行了详细的调查，结合资源梳理和村庄特色重点，突出总体发展定位、产业融合发展、区域联动发展、村庄特色空间塑造、保护与发展并行、基础设施强化等规划内容，引导新形势下庆福村的乡村振兴与可持续发展。

对庆福村及周边的旅游资源进行精准挖掘，扩大区域推进联动旅游发展。利用现有基地自然条件，顺应场地文脉，在尽量保护农田的基础上形成北部水休闲、中部农业种植和森林观光、南部杜鹃观赏的大格局，道路系统结合现有村道、景观步道规划建设，将农业种植与旅游规划相互渗透，形成亦农亦旅、伴农伴旅的休闲农业特色（见图44）。

图44　区域联动发展规划

（二）构建区域产业体系

以生态为本、乡旅为核、文化为魂，通过健康、体育、度假等产业的叠加和延伸，充分释放基地的资源价值，打造多元的旅游产业体系，实现"一产现代高效农业种植＋二产智慧加工生产＋三产农服电商和主题旅游"的三产联动效应，构建"农业＋旅游＋健康＋文创＋体育"的复合产业模式。

一产以生态农业为主，大力发展种植业（相思梨、蓝莓、葡萄、青刺果、山药、中草药、羊肚菌等）、养殖业（傈香猪、藏香猪、虹鳟鱼、生态土鸡、乌骨羊、肉驴等）和林业（梨树、核桃树等）；二产通过农业深加工和创意加工，提升农产品附加值；三产依托丰富的水资源、浓郁的民族风情和优越的自然地理条件打造多种不同类型的旅游产品体系。

（三）明确核心区总体定位与发展目标

依托现有资源，导入"旅游＋"发展思维，促进多业态的融合，通过旅游＋文化、旅游＋农业、旅游＋林业、旅游＋乡村、生态旅游、农业休闲、乡村度假等旅游产品发展乡村旅游，将庆福村定位为集山水休闲、民俗体验、康体运动于一体的水乡田园小镇。提出了将庆福村打造成云南省水乡田园旅游目的地、维西县特色农业示范基地、乡村旅游示范村、乡村振兴示范村发展目标。划定了"田园绿谷、水岸原乡"为庆福村乡村旅游发展的形象主题以及"千亩梨花意、万山杜鹃情、绿水映青山、河岸绣风情"的宣传口号（见图45）。

图45　规划鸟瞰图

（四）划定核心区总体布局与旅游项目库

对庆福村乡村旅游进行总体规划布局，挖掘民俗风情文化、农业观光特色、自然风光优势，打造"漫步梨花、民宿文化街、湿地湖泊、空中栈道、原野木屋、半山酒店、云朵大棚、静地秘林"庆福八景（见图46）。

图46　庆福八景效果图

将庆福村划定为"民俗文创田园、山隐居宿田园、稻花如梦田园、乐活创智田园"四个主题片区，打造"民俗集镇、清风山宿、梯田隐居、草木悠居、稻香渔歌、花田映画、秘林净地、云岸沧浪"八个特色分区，搭建乡村旅游项目库，对庆福村乡村旅游进行项目策划与旅游规划。

庆福村水乡田园小镇分区项目策划表如表1所示。

表1 庆福村水乡田园小镇分区项目策划表

主题	总体定位	分区	项目策划	节庆策划
民俗文创田园	多元民族文化、民俗文创田园	民俗集镇	游客服务中心、滨水剧场、水幕电影、现代产业培训坊、农创工坊、文创集市、民族广场、节庆广场、民族文化展览馆、民俗博物馆、民俗茶吧、美食风情街	转山会、火把节、刀杆节、绳时节、现代产业培训研讨节
山隐居逸田园	自然山水休闲、田园宿居体验园	清风山宿	养生理疗馆、半山酒店、慢调生活民宿、夕阳嘉年华	端午节、重阳节、情人节
		梯田隐居	药材种植基地、中药材加工创研坊、梯田酒店、梯田小品	中药材研讨节
		草木悠居	主题农庄、农场木屋、草坪婚礼堂、草坪野餐基地、户外露营、风筝草坪、日光浴、户外瑜伽	风筝节、民俗婚礼日、情人节
稻花如梦田园	稻花鱼香、农场田园观光乐园	稻香渔歌	现代农业试验田、绿色农产品加工基地、空中栈道、古法耕作、云朵大棚艺术构筑物、田园科普馆	丰收节、稻香新米节、插秧节、稻花鱼捕鱼节
		花田映画	学识花坛、摄影/写生基地、花道坊、香果工坊、空中栈道、切花集市、花茶馆、漫步梨园	梨花节、花茶节
		秘林净地	森林木屋、赤脚步道、丛林探险	徒步节、马拉松赛事
乐活创智田园	庆福水上乐园	云岸沧浪	水上体育运动基地、运动广场、冬/夏令营、湿地活动、素质拓展、百果园采摘、亲子农场、萌宠乐园、植物大战僵尸农场	夏令营、冬令营、湿地节、运动节

（五）完善旅游配套服务

1. 构建五大产品体系

根据现状产业基础、旅游资源开发现状与发展趋势，结合庆福村目标市场需求分析和预测，构建以农业示范培训产品为主导，文化民俗体验产品为品牌，花果娱乐休闲、体育运动健身、乡村特色美食产品为补充的五大产品体系。

2. 构建人性化、品质化的公共服务体系

构建"农业示范种植培训体系、旅游惠民增收服务体系、旅游信息咨询服务体系、旅游安全保障服务体系、旅游交通便捷服务体系"五大公共服务体系，"特色农产品种植示范基地工程、现代农业种植推广培训工程、游客集散中心工程、旅游品质服务工程、旅游标识牌工程、智慧旅游工程"六大公共服务工程以及多层级、多类型、生态健康、高体验性的交通服务体系。

五、规划创新与亮点

1. 立足现状、深挖资源、定点定位、分类评级、立体开发

（1）对现状产业条件、功能布局、设施条件进行全范围、全类型深度调研。

（2）对现状的旅游资源进行深度挖掘、准确定点、精确定位。

（3）对资源进行分类整合，根据旅游资源特色分类、分级，构建立体开发体系。

2. 区域联动，核心引爆

规划站位跨行政范围，立足片区协同发展，通过核心区的详细规划和先行启动，形成片区的引爆点。

（1）总体规划范围不受行政范围的限制，而是以片区资源分布为基准，北联栗地坪水库区域，中串庆福半山森林步道，南至四保尖山杜鹃花王，以庆福村水乡田园小镇为核心进行详细规划和先行启动，形成核心引爆点，带动周边区域发展。

（2）立足本地资源条件，构建区域内不同主题的功能片区、不同类型的旅游产品、不同体验的旅游项目，区域间优势互补、联动发展。

3. 庆福八景、名片塑构，立体游线、多维体验，近需远景、统筹规划

（1）庆福八景、名片塑构——充分挖掘当地民族风情文化（民俗建筑、民族风情街），农业观光特色（生态大棚），自然风光优势（河、溪、梨园、梯

田等），打造具有庆福符号的"水系田园八景（漫步梨花、民宿文化街、湿地湖泊、空中栈道、云朵大棚、原野木屋、半山酒店、静地秘林）"，构建庆福乡村旅游八大特色景观及旅游形象名片。

（2）立体游线、多维体验——规划秉承"保护优先，合理开发"的原则，根据高差地形、自然资源条件、旅游观光需求打造多层级、多类型、多体验的立体旅游环线。（起伏的空中廊道，从村庄穿行的火车道、滨河的休闲步道、环村的自行车道、感受慢时光的马车道，丰富行走、观景的多种感受）

（3）近需远景、统筹规划——规划设计与现阶段村庄发展需求紧密结合，兼具落地性与前瞻性，解决近期所需，满足远景发展要求；建立乡村旅游项目库，按照近中远三期分期建设实施；近期打基础、树形象，中期延产业、深度游，远期稳客源、多元化。（在建项目既满足近期村庄的需求，也符合远期规划的要求）

4."全季全龄"旅游产品体系，"以点带面"发展农旅融合，为巩固脱贫攻坚成果同乡村振兴有效衔接夯实基础

（1）通过"农""文""旅"产业的融合发展，构建"全季全龄"旅游产品体系。

（2）通过乡村旅游的带动，以土地出租、房屋出租、技术入股和劳务聘用等方式，切实提高村民的收入，真正做到惠民利民。

（3）以特色农产品种植、现代产业培训和农副产品展销为契机，促进一二三产业融合，形成产业融合发展示范片区，带动周边村庄联动发展，巩固脱贫攻坚成果，为实现乡村振兴夯实基础。

六、规划实施成效

规划成果获得属地政府、各方专家的高度认可和评价。目前，通过一期工程和二期工程蓝莓采摘园、特色农产品（山药）种植基地、农副产品交易中心等项目的实施，已带动约100人实现家门口就业，发展农家乐10家、专业合作社5个，村民通过土地出租、工资收入、分红等方式，已带动村民约50户200人实现经济收入大幅增长，后续随着其他项目的实施落地，将带动庆福和周边区域村民的经济收入大幅增长（见图47）。

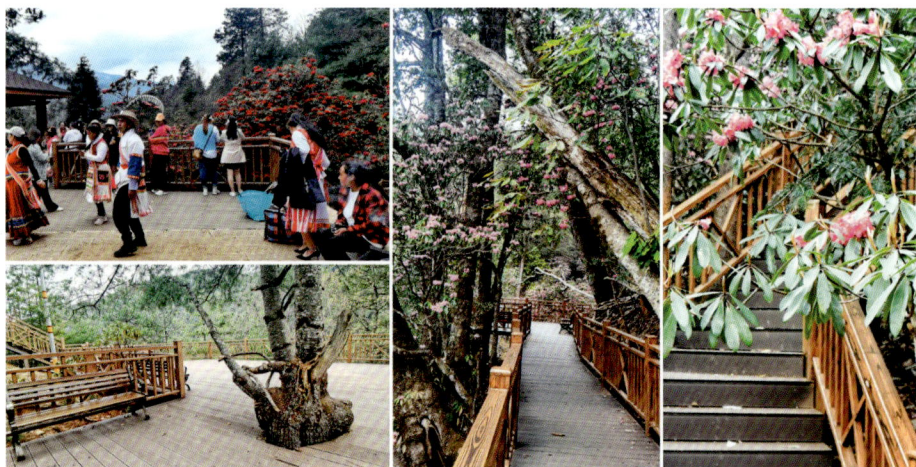

图47　已实施项目实景

安宁温泉旅游度假区控制性详细规划 [1]

为解决温泉旅游度假区当前面临的发展瓶颈，重塑安宁温泉旅游度假品牌，支撑国家、省、市发展战略目标，本研究将温泉旅游度假区17.5平方千米的范围进行整体规划，运用城市设计和规划相结合的方法，对其功能定位、产业发展、用地布局、交通组织、设施配套以及风貌塑造进行综合谋划，实现区域范围内社会、经济、生态效益的共赢。

[1] 编制单位：昆明市规划设计研究院有限公司
文稿执笔人：李旺胜、申峻霞、杨舒婷

一、规划背景

在建设美丽中国、云南省建设最美丽省份、打好"绿色发展三张牌"的大背景下，安宁市提出温泉旅游度假区要发挥自身温泉、生态和文化资源的优势，重塑安宁温泉旅游度假品牌，承担起昆明市建设"中国健康之城"重要一极的重任。

然而，目前温泉旅游度假区发展遇到瓶颈，存在旅游产品缺乏吸引力、丰富的历史文化遗存保护利用不足、旅游基础设施服务水平较低、片区已有规划系统性和可实施性差等问题，无法有效支撑昆明市打造"中国健康之城"、云南省建设最美丽省份等目标的实现，亟须编制一个既具有全局观又具有可实施性的规划，对温泉片区的整体打造与开发提供支撑和引导。因此，在此背景下，本次规划将 17.5 平方千米的温泉旅游度假区纳入规划范围，对其功能定位、产业发展、用地布局、交通组织、设施配套以及风貌塑造进行整体谋划，实现区域范围内社会、经济、生态效益的共赢。

二、规划思路

本次规划以生态和文化保护为前提，以城市设计为手法，对温泉旅游度假区生态资源、文化资源及其他旅游资源提出保护与合理利用的规划策略，并通过控制性详细规划来进行空间落实和特色塑造，实现各类管控要求的法定化。

三、规划主要内容

（一）基于特色资源及区域大健康产业的景区定位和产业规划

温泉旅游度假区拥有驰誉古今的"天下第一汤"温泉资源、与自然和谐共生的山水形胜格局、兼容并蓄的滇中文化遗存以及中国顶尖水平的红土网球赛事，是参与讲述昆明故事、云南故事的重要载体；同时，昆明打造"中国健康之城"，发展大健康产业，安宁温泉将作为环滇产业带上的大健康产业增长极，承担起昆明市旅游发展龙头、大健康产业发展核心、体育产业高地等重要作用。

本次规划基于对片区核心资源的挖掘利用和对昆明市大健康产业发展要求的响应，确定了温泉旅游度假区的目标定位为"世界级温泉文化小镇，面向南亚东南亚的国际会客厅和国家级旅游度假区"。在此基础上，通过波士顿模型筛选，构建由度假康养、运动休闲两大核心业态和四大拓展业态共同构成的"温泉＋"产业体系，丰富温泉旅游度假区的业态支撑，改变过去温泉资源危机、"温泉IP"单一产业支撑的困境。

（二）基于生态、城市四修理念的用地布局规划

以"反规划"思路为先导，在生态修复、城市修补、产业修缮、文化修饰的"四修"理念指导下，优先保护温泉旅游度假区的景观生态安全格局，在格局塑造上，以龙山、凤山、观音山等山体为基底，螳螂川为骨架，以功能板块为支撑，形成玉带串珠式的"一轴六组团"的空间结构；在用地布局上，基于地适宜性分析，引导生态要素渗入城镇建设空间，强化核心区历史文化建筑以及其周围环境的保护，梳理镇区公共空间体系，适当优化路网布局，形成蓝绿织网、文化筑魂的用地布局，打造精致优美的空间环境品质。

（三）营造视觉开敞、风廊通达、系统完整的绿色生态空间

绿色生态空间的营造实现途径有三：一是预留多条绿廊，形成了畅通的风廊和开敞的山水廊道，有效缓解工业园区对规划区的影响；二是梳理螳螂川沿线空间，保障螳螂川两侧绿化空间的连通性；三是划定龙山、凤山保护区

105.8 公顷，实现片区生态基底占比达 40.72%，形成了视觉开敞、风廊通达、系统完整的绿色生态空间（见图 48）。

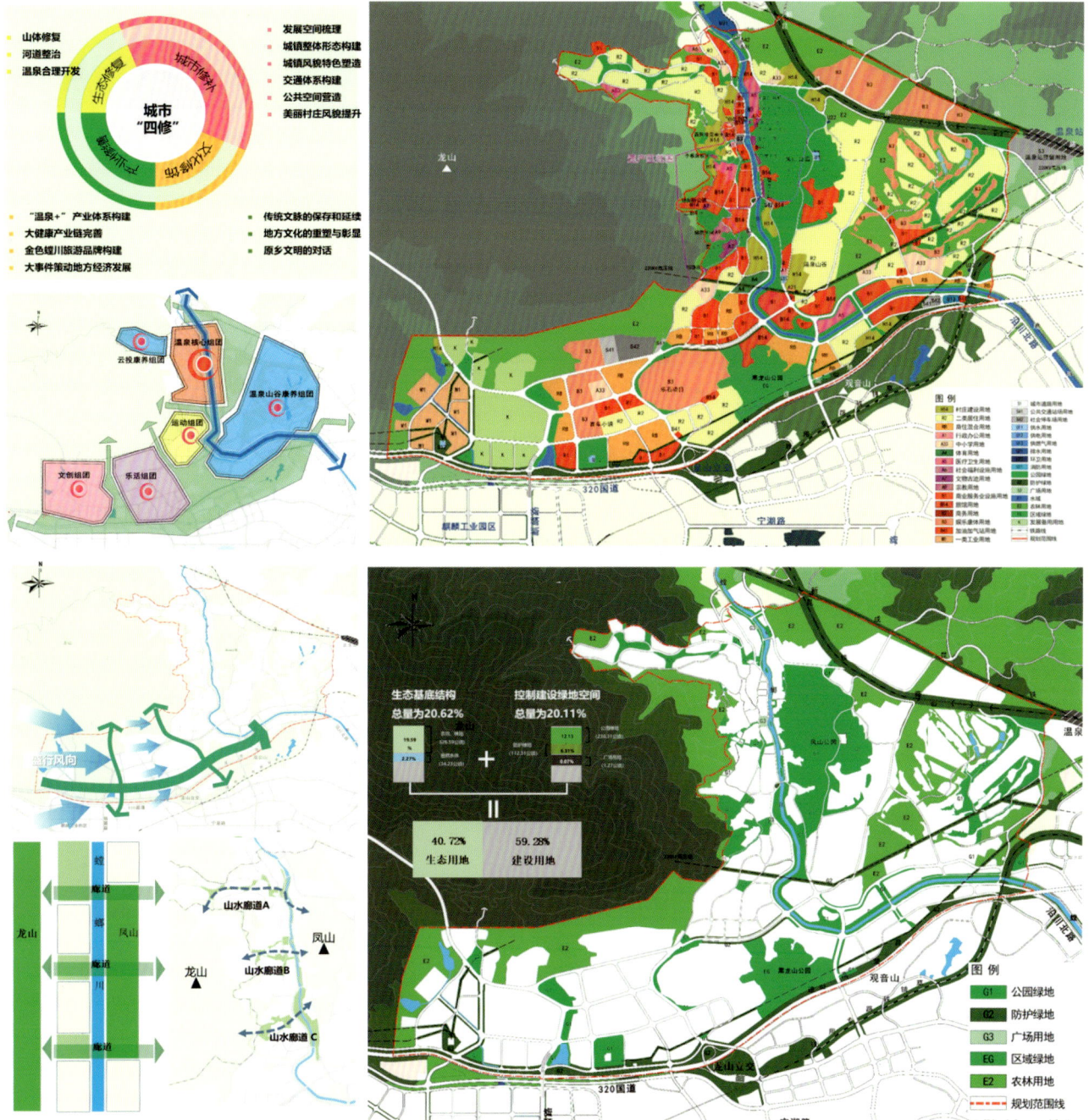

图48　用地布局规划及生态空间与绿地系统规划

（四）以历史文化资源保护与利用，提升旅游度假区的文化内涵

　　以保护和利用好温泉丰富的历史文化遗存、提升旅游度假区的文化内涵为目标，本次规划将山水格局、历史街巷、文保单位、历史建筑、古树名木列为保护对象，为其划定遗产保护区范围、建设控制范围、保护范围、文物本体共四个层次的保护范围，提出保护要求及修缮、修复与利用引导，为温泉文化底蕴的保留与传承奠定良好基础（见图 49）。

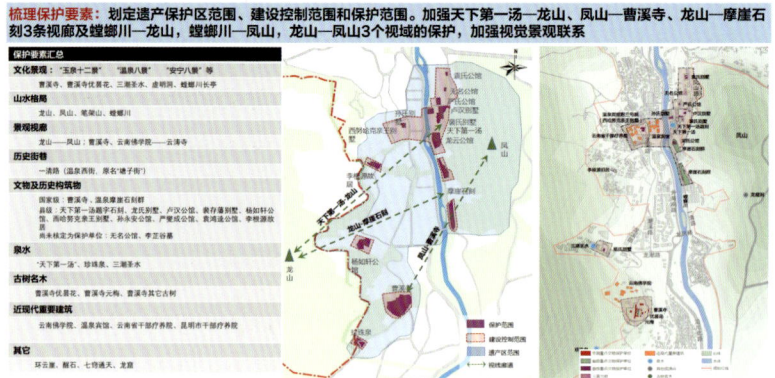

图49　历史文化资源保护规划

（五）兼顾人本服务和旅游服务的公共服务设施体系规划

兼顾度假区打造要求和本地常住居民的生活需求，建立旅游服务和公共服务配套设施"双体系"。其中，旅游服务设施规划对标国家 4A 级旅游景区建设标准，配套旅游服务设施，为打造国家级旅游景区提供重要支撑；公共服务设施规划则通过构建"5—10—15 分钟"三级生活圈，一站式满足本地居民对生活服务设施的需求。

（六）"进得快、游得慢"的公共交通体系规划

以服务旅游为目的，衔接区域交通系统和景区内部公共交通体系，构建串联滇池、安宁、富民的区域级游线和以运动康养、文化体验、生态康养为主题的三条片区级旅游线路。通过建设亲山、近水、文化三条步道和螳螂川水上游线，为游客提供了全方位深度体验温泉旅游度假区的空间载体（见图 50）。

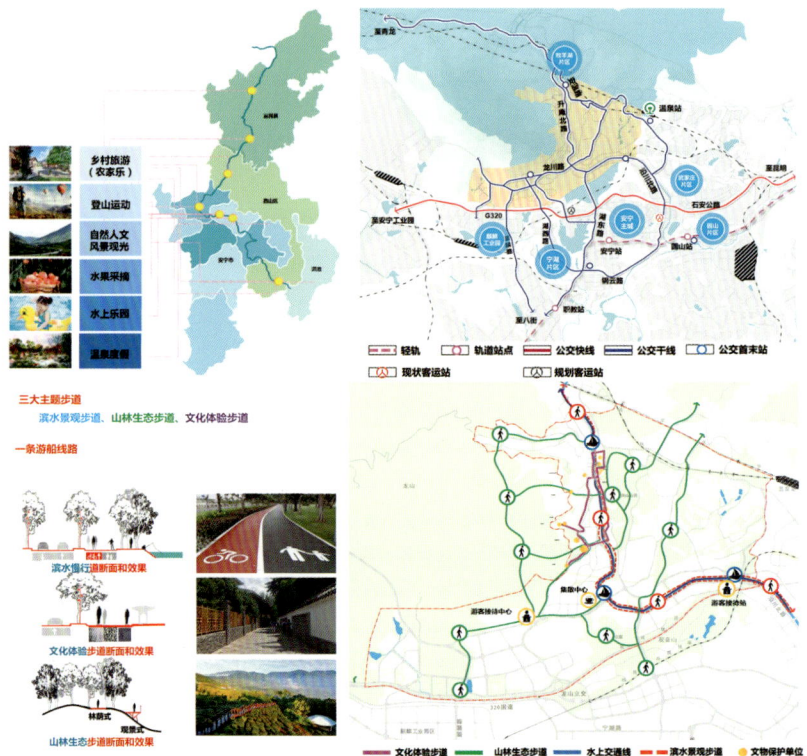

图50　旅游交通规划

（七）基于"山、水、城、文"四要素的城市设计

本次规划以"青山、绿水、繁城、文镇"四要素为对象，构建了"两带双核、四区多廊"的总体框架并将片区划分为四大风貌分区，提出分区风貌定位、主要功能、建筑风格、建设肌理等要求，打造一个能够汇聚龙凤山川灵气、展现曹溪寺佛光神韵、传承天下第一汤文脉精神、展现新时代魅力的至雅螳川、人文幽谷（见图51）。

① 滨水商街　　㉒ 网球赛事中心
② 袁氏别墅　　㉓ 商业街区
③ 温泉集市　　㉔ 龙山矿小区
④ 卢汉公馆　　㉕ 温泉网球中心
⑤ 天下第一汤　㉖ 温泉山谷
⑥ 龙云公馆　　㉗ 国际网赛中心
⑦ 温泉体验中心　㉘ 洲际精品酒店 英迪格酒店
⑧ 李根源故居　㉙ 月亮山公园
⑨ 摩崖石刻　　㉚ 温泉度假中心
⑩ 凤山公园　　㉛ 母亲牧场
⑪ 金方森林温泉酒店　㉜ 乐石项目
⑫ 杨柳轩公馆　㉝ 尚住社区
⑬ 三潮圣水　　㉞ 高尚社区
⑭ 登山步道　　㉟ 极限运动公园
⑮ 滨江公园　　㊱ 购物公园
⑯ 禅学院　　　㊲ 赛车小镇
⑰ 曹溪寺　　　㊳ 赛车小镇商业区
⑱ 珍珠泉　　　㊴ 文化创意园
⑲ 珍泉特色村　㊵ 商务中心
⑳ 体育公园　　㊶ 现代工业园区
㉑ 滨水健康步道

氤氲人文螳川，至雅禅修幽谷

静 — 静谧、放松、悠谷
养 — 优医、适疗、宜养
禅 — 修心、修行、禅养
至 — 至新、至情、典雅

图51　温泉旅游度假区城市设计总平面图及规划效果

（八）与产业发展相匹配的乡村振兴格局构建

按照乡村振兴总体要求，对度假区内保留的北塔村、珍泉村等9个自然村提出分类引导策略，植入乡村旅游功能，从而实现度假区旅游产业向乡村地区的外溢，带动村庄的整体发展。

（九）科学建立开发强度控制指标体系，并通过控规进行法定化落实

在望得见山、看得见水、记得住乡愁的理念引导下，本次规划运用GIS三维分析技术，通过对山、水、公共空间、文化资源点之间互视通廊的控制，重点聚焦螳螂川滨水界面的退台式高度控制要求，形成具有温泉特色的建筑高度控制模式，打造与山水协调的建筑天际线（见图52）。在此基础上，建立包括容积率、建筑高度、建筑密度、绿地率等指标的开发强度管控体系，将城市设计研究成果以控制性详细规划手段完成法定化。

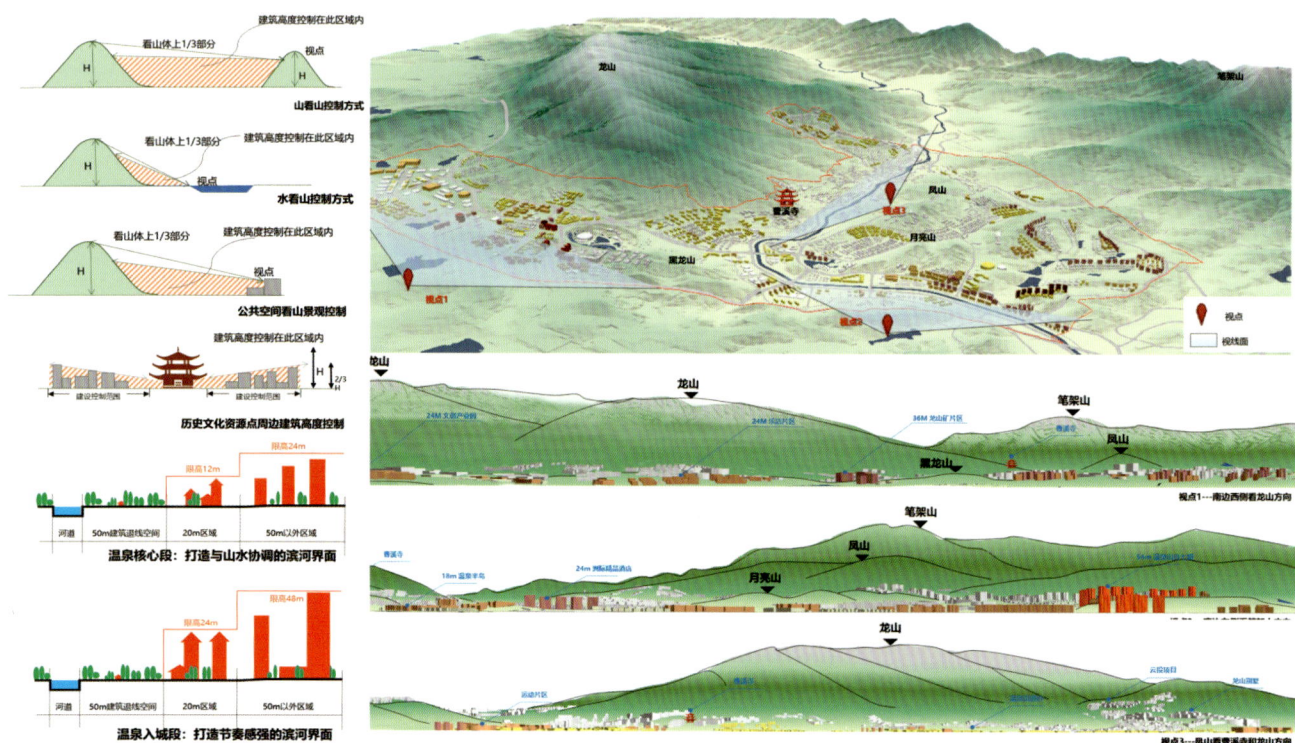

图52 建筑高度控制要求及天际线规划

（十）基于海绵和绿色的基础设施规划

在绿色、智慧、安全、韧性的规划理念下，本次规划提出海绵景区建设要求，重点对片区的水资源、水环境、水生态、水安全进行保护，打造绿色智慧的市政基础设施网络。

四、规划创新及亮点

（一）创新规划体系，指导旅游度假区的实施

本规划是一个兼顾规划理性与人文关怀，兼顾本地保护与持续发展的规划。在规划方案中构建"生态本底"+"文化保护"+"旅游业态"+"空间形态"+"指标管控"的控规编制体系，强化了对温泉旅游度假区的历史文化资源、山水轴廊体系和生态环境本底的保护，并以此为核心研究片区的空间形态和风貌特征，构建可以支撑片区可持续发展的功能业态体系，最终在控制性详细规划的法定文件——规划图则中，在常规的开发强度管控指标基础上，对临山、滨水、文化三类地块提出不同的管控及城市设计引导要求，更好地指导旅游度假区的发展建设。

（二）创新编制思路，以精细化城市设计为手段和方法，实现要素管控

考虑片区发展空间受限、用地权属复杂、文化遗产众多的特点，以"绣花针"式的城市设计为手段和方法，精雕细琢地对摩崖石刻、卢汉公馆等重点文化空间及周边地域提出保护和活化利用要求，对人行桥、螳螂川岸线等滨水公共空间进行细化设计，对区域内的村庄风貌整治塑造提出精细化管控要求，从而彰显片区风貌特色，实现覆盖城乡的全域美丽引导管控。

（三）结合景区特点，重点强化智慧基础设施建设，打造智慧旅游小镇

结合温泉旅游度假区的特征，本次规划提出以大数据为基础，构建智慧旅游系统，对度假区的旅游服务设施、标识系统和市政基础设施系统进行统一管理，打造便捷型饮水系统、地下水管理系统、环保型雨水资源化系统、智慧型排水管理体系，打造智慧、绿色、韧性的旅游小镇。

五、规划实施情况

本次规划的全过程均紧紧围绕上述三个创新点展开，规划意图的实施取得良好效果。

一方面，本次规划成果在专家评审和政府审查过程中，取得了专家组和属地政府的高度认可和一致好评，规划成果助力安宁市成功申报云南省第一批美丽县城，助力安宁温泉旅游度假区成功申报云南省省级旅游度假区，助力温泉小镇成功获得云南省特色小镇命名。

另一方面，在规划整体研究思路的引导下，温泉旅游度假区 7 个基础设施建设项目、12 个旅游设施建设项目、3 个文物保护修缮项目、4 个乡村振兴项目和 3 个旅游开发项目得到有效实施，螳螂川慢行系统正在逐渐成形，摩崖石刻、文化中心等重要的文化与公共空间已经修缮或建设完毕，温泉镇镇区和沈家庄、北塔村等城镇乡村整体风貌得到了有效提升，吸引了一批又一批游客到来，带动了赛车小镇等多个旅游项目争先落地。

安宁温泉旅游度假区，已经再次擦亮"天下第一汤"的金字招牌，以全新的姿态迎接全域旅游时代的到来。

2021

云南文化和旅游规划设计
优秀成果集

云南腾冲荷花温泉项目半山酒店度假产品设计

——腾越极边康养祈福之旅 [1]

　　万年的火山热海，千年的古道边关。荷花温泉以融于山林的顶级温泉体验和浓厚的马帮文化为核心特色。"漫漫古道，悠悠铃声"，茶马古道是中国历史上最为著名的西部国际贸易古通道之一，荷花温泉是茶马古道支线上的最后一站，积淀了丰实深厚的历史文化。然而经历时代变迁，建筑年久失修，地方昔日的繁华早已烟消云散。因此，本次设计的重任除了提供一个完善的休闲度假场所以外，还肩负着马帮文化和腾越文化的传承与复兴，再现历史的荣光。半山酒店度假产品设计以文化传承和回归自然为原则，为度假康旅游客定制极致的"腾越极边康养祈福之旅"。

[1] 编制单位：深圳沃思设计咨询有限公司
　　文稿执笔人：卢雪磊、李开蒙、李伟智

一、项目背景——漫漫古道·悠悠铃声

荷花温泉位于云南省腾冲市荷花镇和德宏梁河县曩宋乡交界，距离腾冲市区约 28 千米，距离驼峰机场约 40 千米，距离热海风景区约 24.8 千米。项目因地处"白鹭之乡"荷花镇而得名。荷花温泉旅游度假区盘山而建，坐享腾冲温泉地热主脉，面朝亿年沧海桑田后形成的火山平台与风光无限的大盈江谷地，是美疗养生、颐养天和的旅游胜地。历史上马帮穿山而至，在此整顿沐浴休憩和祈求红运。华侨城云南世博集团决定以半山酒店项目建设为契机对荷花温泉进行全面的品质升级，以再现昔日繁华景象。

二、发展研判——万年的火山热海·千年的古道边关

（一）资源研判

项目可挖掘利用的资源主要包含顶级的优质地热温泉资源、深厚的茶马古道马帮文化底蕴、区域内特色鲜明的腾越文化积淀以及亚热带谷地气候的山林生态资源等。

1. 温泉博物馆

腾冲被誉为"世界温泉朝圣地"，荷花温泉是腾冲传统四大温泉之一，凭借丰富的泉眼类型可观、可泡、可引，也可治病，素有"温泉博物馆"之称。众多泉眼中最著名的"太极金汤"，其泉水一分为二，呈阴阳八卦之象，二泉一脉相承、环绕共生，被称为地质奇观，天赐神泉。

2. 马帮传奇

荷花温泉所在的芭蕉关是茶马古道支线中的最后一站，是其中的重要节点，积淀着厚重的马帮文化底蕴。

这里的草木转世都承载着马帮传奇的故事，山间林海中蜿蜒崎岖的"茶马古道"，商贾祈福的"财神庙"，"太极金汤"边的"温泉驿站"，半山的"马帮客栈"，古关隘"芭蕉关"边的"温泉古街"。百姓家照明用的"马灯"，阵阵的"马铃铛"，闲暇之余畅饮"雷响茶"，可私享可宴宾客的"马帮菜"。

3. 腾越文化

腾越文化是以腾冲地区为中心的一种开放型和复合型地域文化，是中原文化、南诏文化、东南亚文化、南亚文化、边境少数民族文化和抗战文化等多元文化的结合体，其历史悠久，据明代《腾越州志》载，腾越有"八关""三宣""六慰"，荷花温泉所在的"芭蕉关"就是"八关"之一。大旅行家徐霞客曾经游历此地。

腾冲特色的腾药、滕宣、藤编等非遗文化以及以火山石、土陶砖瓦、腾越木作营造建筑的手法等都是腾越文化的特色。

4. 黄金气候生态带

项目地处北纬 25°，是世界公认黄金气候生态带。其亚热带谷地气候年平均气温约 22℃，并且地处高黎贡山山麓，树高、林密、动植物种类丰富，又可远眺大盈江河谷，景观极佳。

（二）发展机遇

1. 后疫情时代及国内大循环带来的发展机遇

中国是全球旅游业最大的消费国，但在疫情冲击下出境旅游基本停滞，加之中国"国内大循环为主体"的重大战略部署，未来国内游将成为旅游行业主引擎。

国内旅游度假成为刚需，特别是东南亚旅游度假消费转移到云南旅游市场，从而带来发展机遇。

2. 大滇西旅游环线及云南省半山酒店发展政策支持

云南省 2019 年提出打造"大滇西旅游环线"，将滇西独特旅游资源串联起来，推动滇西旅游全面转型升级。

云南省 2020 年出台《关于加快推进云南半山酒店建设工作的指导意见》，大力推进"云南半山酒店"建设。

荷花温泉凭借自身区位和资源优势，未来势必将成为"大滇西旅游环线"西线重要目的地和云南省半山酒店发展标杆项目。

3. 华侨城康旅战略——大盈江谷地人文康旅发展示范带

华侨城集团多年来深耕云南旅游市场，计划于"大滇西旅游环线"腾冲至瑞丽一段打造"大盈江谷地人文康旅发展示范带"。

荷花温泉作为"大盈江谷地人文康旅发展示范带"的首发项目，获得华侨城集团的高度关注，计划将华侨城"第五代康旅产品"在荷花温泉项目实践落地。华侨城集团作为中国旅游行业龙头企业，其优势品牌、产业资源、营销渠道的导入不仅对荷花温泉项目起到巨大推动作用，也必将带动区域旅游行业快速升级发展，提升区域旅游品牌影响力。

三、发展目标——腾越极边康养祈福之旅

荷花温泉良好的资源优势加之良好的发展机遇，未来升级后将形成融合康养、康体、康娱、康居于一体的健康生活目的地，成为云南腾冲康养目的地·大滇西旅游环线重要节点。让游客体验一场：腾越极边康养祈福之旅。

四、规划思路——历史传奇·当代剧目

历史的复现、文明的延续从来都不应是简单的复制。当我们深入探寻场地的历史脉络，脑海里的画面越发生动，于是一场以茶马古道为脚本同时赋予当代精神的剧目由此展开——腾越极边康疗祈福之旅：集马帮、行腾冲、泡温泉、游商街……让历史的文明重回舞台（见图53）。

图53　项目规划概念图

五、设计特点

山与水是项目核心的自然要素，马帮文化映衬着腾冲的本土特质。

在设计上充分尊重场地本有的山地自然秩序，建筑均依山势布置，并且在主材料上选用当地火山毛石、夯土和木材等，营造自然朴素的质感。空间上注重室内与庭院的交互以及庭院与自然的交融。通过材料选择与空间设计让建筑空间总体以谦逊的姿态嵌入环境当中，实现人与造物对自然的回归。

度假庭院以当地药疗植物营造的疗愈花园与顶级温泉汤浴共同形成腾越特色疗愈空间。游客所用所享所见的藤编器物、火山石疗、腾药理疗以及马灯、马铃铛，使其在享受特色疗愈的过程中沉浸当地文化氛围。核心景观露台以无边际镜面水景与温泉泡池相结合，映衬出天光云影。通过庭院空间的下沉处理，在保障私密性的同时，最大化庭院空间与自然环境的沟通，让游客身心也回归天地自然。

以此使游客"身·心·灵"皆回归天地自然，彻底放松，享受"星空下浮云上，听林声轻语，享万年温泉，观远山浮云"的极致体验（见图54）。

图54　半山酒店度假产品效果图

六、设计方案

（一）规划布局

总体规划中以场地作为文化的载体，依托茶马古道遗址和古道温泉文化，分别演绎出古驿寻踪和温泉康养两条沉浸式主题游线，串联茶马广场、情境汤街、接待中心、半山书店、半山酒店、温泉汤院、悠所·BMW摩旅营地等重要节点，试图在场地与文化、新与旧之间建立共生关系。

半山酒店项目场地分为山麓及半山两处，其中：山麓地块为缓坡台地，并且靠近温泉核心区，建设条件成熟；半山地块山林环绕，视野极佳。根据场地特征确定规划布局为：山麓地块作为一期建设半山汤墅及接待设施；半山地块作为二期建设云顶度假服务设施（见图55）。

古道风云
01-茶马广场
02-文化博物馆
03-马帮茶馆
04-美食坊
05-匠人工坊
06-马帮客栈
07-马帮宿集
08-商帮大院（院落会所）
09-荷花温泉疗愈中心
10-温泉古街
11-森林温泉
12-温泉涉溪
13-太极金汤
14-祈福圣地

康疗圣地
15-荷花温泉酒店
16-叠水幽径
17-度假服务中心
18-温泉汤墅
19-半山书店
20-翡冷翠
21-云顶山居

古道追忆
22-古道山径
23-凌云塔
24-仙人古道
25-杉林栈道

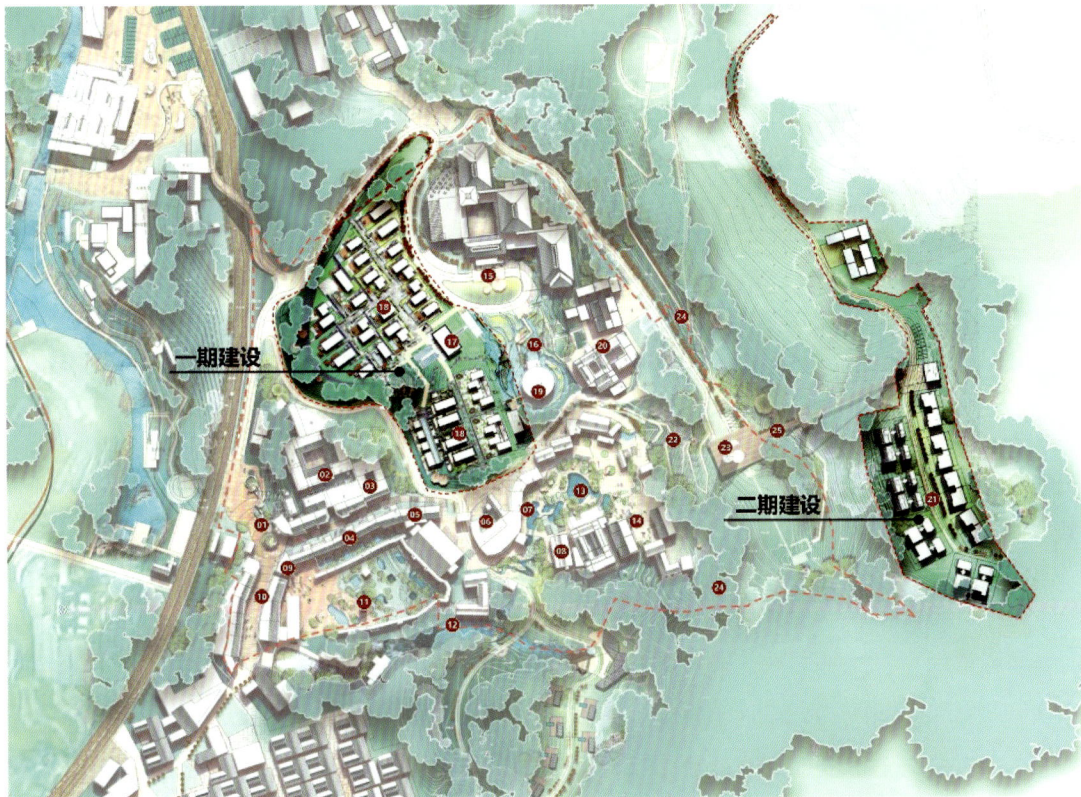

一期建设

二期建设

图55 半山酒店总体规划

（二）一期度假产品设计

　　一期总用地面积约 16200 平方米，总建筑面积 3114.14 平方米，包括半山接待服务中心及汤墅度假产品。

　　建筑设计以"野奢"切入，更好地将建筑与自然环境相融合，即保证悠闲疗愈的体验感，又不破坏自然生态的秩序感。我们根据中部有山坳的缓坡山地特征，自然地将功能空间划分为三个区：服务中心，温泉汤墅样板区，温泉汤墅组合区。以微处理的手法将场地梳理为层层退台的方式，使得建筑布局错落有致，让每一间客房都配备大面积的观景露台，露台中汤池与景观水相连，视觉上形成水天一色的开阔景象。

　　服务中心建筑面积 297.92 平方米，位于用地中部山坳，视野开阔。建筑整体造型规整，但是局部的空间变化提升了空间趣味性，更凸显光影变化，使得细节感更强，视觉感更饱满丰富。主材料上选用当地石材、夯土和木材，通过拼贴的方式，营造自然朴素的质感，以谦逊的姿态嵌入环境当中。西南部以悬挑的露台和镜面水池为核心景观，其步行主动线下穿通过景观水池，将游客从接待中心引导到各个汤院平台，使公共空间与私密空间的过渡关系更富有仪式感（见图56）。

图56　服务中心效果图

　　温泉汤墅样板区位于用地东南位置，包含独栋汤院、组合汤院、汤院叠院三类度假产品，可满足不同的度假需求。

　　建筑所采用的当地石材和木材以及微坡的坡屋顶形式都是对当地腾越传统的传承和致敬，景观面以大面积的优势玻璃门窗，向自然景观敞开怀抱拥抱自然环境。庭院引温泉入户景观材料及植物也均采用当地元素。建筑、景观环境、疗愈体验的有机统一，为游客带来沉浸式度假体验（见图57）。

图57　温泉汤墅样板区效果图

　　温泉汤院组合区位于用地西北位置，以三种基本单元组合形成多种汤院度假产品。根据地形以三条主轴线为基础，将场地分为四阶台地，各汤院错落有致地分布在四阶台地中，使每套汤院都享有视野极佳的景观露台，每个汤院都有独立私密的温泉泡池，在温泉疗浴中即可观远山河谷美景。

　　经过高差处理和视线优化后，各汤院之间相互独立、互不干扰，又可以通过动线相互联系，建筑主材和景观设计与温泉汤墅样板区保持一致的高品质设计（见图58）。

图58　温泉汤院鸟瞰效果图

（三）二期度假产品设计

二期占地约 13500 平方米，总建筑面积约 2200 平方米，包括云顶服务中心及云顶院墅度假产品。根据地形以及建筑的特点，我们将其分为两个台地区域。

其中云顶服务中心 300 平方米，为二期汤墅提供基本的服务，设置有咖啡、书吧等服务功能。外立面设计成通透的玻璃盒子，置身其中仿佛融入山体自然。温泉汤墅区包含双拼汤墅和汤墅叠院两种产品，分别位于上下两个台地，互不干扰，每套汤墅都有绝佳的景观视野。

二期度假产品为一期的延续和补充。因其场地位于高处的半山台地，与一期之间通过蜿蜒曲折的山路和空中连廊相连接，远离城市道路，拥有更好的自然生态环境和极致的景观视线，因此其设计在一期产品的基础上进行发展和升华——更加强调人、居、天地自然的融合。

在设计上采用通透平层与大面积的横向玻璃的方式引景观入庭院居室，模糊内外景观边界，尽览林海远山和大盈江河谷美景。同时绿化屋顶的设计又让建筑体量得到消隐，使建筑与自然始终处于一个平衡的关系。使游客得享更加静谧和纯粹的度假体验。

七、项目实施

目前项目一期地块半山酒店建设已经完成，并作为项目合作伙伴 BMW 摩旅营地度假接待设施。二期地块已经配合政府上报国土空间规划。

2021
云南文化和旅游规划设计
优秀成果集

碧色寨滇越铁路小镇发展总体规划及核心区修建性详细规划

——以碧色寨滇越铁路小镇为例 [1]

在一些旅游型特色小镇的规划设计中，关注更多的往往是物质空间、商业业态及旅游植入等，文化保护和传承贫乏，许多根植于人们记忆和风俗中的原生态文化基因遭到破坏，文化脉络传承面临"碎片化"和"空洞化"的发展困境。碧色寨滇越铁路小镇规划实践尝试突破传统规划设计路径，以存量规划为主，探索文保单位、传统建筑、铁路遗存等不同空间载体在"特色小镇"发展与保护目标引领下规划实施的新路径。

[1] 编制单位：云南省城乡规划设计研究院
　　文稿执笔人：孙美静、韩璐

一、小镇创建基础

碧色寨滇越铁路小镇位于中国最大的哈尼族聚居区——云南省红河哈尼族彝族自治州内，由铁路遗址、历史老建筑遗址、商行遗址、特色民居、犁耙山和随处可见的花丛果树等组成；除此之外，还有郁郁葱葱的天龙山及彝族传统村落马街哨等自然、人文景观。小镇历史文化底蕴浓厚，周围植物苍翠茂盛，村寨与犁耙山相依，人文景观与自然景观相得益彰，观赏游憩价值较高。

这里铁路文化底蕴浓厚，有我国第一条民营铁路——个碧石铁路（中国唯一留存的一条轨距为 60 厘米的寸轨）；有中国现存最长的一条轨距为 1 米的窄轨铁路；还有我国最早的铁路火车站——碧色寨火车站，是有着"百年铁路活化石"之称的滇越米轨铁路与个碧石铁路寸轨的换装站；这里有碧色寨车站、滇越铁路站房、寸轨机车房、大通公司等全国分布最密集的 11 处国家级重点文物保护单位，有充满浓郁法式风情的高低错落、狭窄弯折的风情小巷子，见证了中西文化在碧色寨奇异地融合，碧色寨火车站独特的法式建筑风格至今仍吸引着众多游客到此游览；这里还有传奇的马帮文化、石头建筑建造工艺、"洞经古乐"等丰富的乡土文化，共同构成了碧色寨滇越铁路小镇独有的特点和景观。

法式建筑和中式石头寨完好保存充分体现了碧色寨村落历史的真实性、村落社会生活的真实性和历史风貌的完整性。碧色寨滇越铁路特色小镇对于研究中国铁路发展史和西南少数民族地区社会经济发展以及进行爱国主义教育，都具有重要的历史、艺术和科学价值（见图59）。

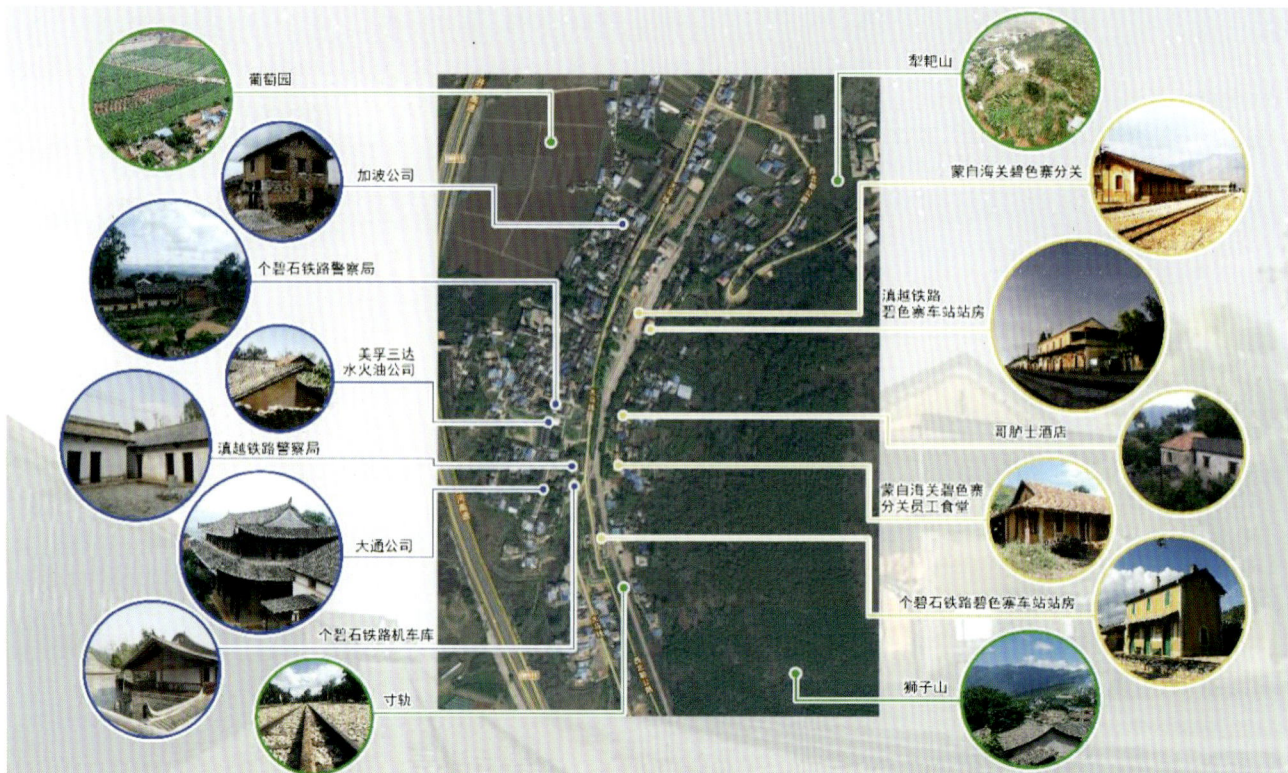

图59 碧色寨现状资源分布

二、目前主要问题

（1）历史建筑由于年久失修，部分建筑结构老化、破烂不堪；由于居民缺少资金及技术支持，既无法选择搬迁也无法对其进行改造修缮，传统民居卫生条件较差，功能滞后。

（2）村庄公共服务设施比较缺乏，难以满足居民日益增长的生活需求。

（3）产业发展缓慢，以第一产业为主，第三产业近年来势头较好，但基础薄弱，第一产业和第三产业都处于原始粗放的阶段，产业整体发展缓慢。第一产业人力资源匮乏、技术落后、规模小、市场信息滞后。第三产业处于起步阶段，存在旅游产品单一、旅游产品开发深度不够、基础设施不完善等问题。

（4）历史人文传承困难。随着居民生活观念与生活方式的改变，原有的基础设施、居住环境已不能满足日益增长的现代生活需要，也不适应现代产业经济发展的需要。古村落居民自发的建筑整修用新的方式与材料，将割断传统风貌的延续。空心化、老龄化严重，使碧色寨历史文化的传承与发扬面临较大的挑战。

三、规划思路

（一）目标导向下的规划路径选择

对小镇的各类资源进行摸底整合，充分了解文保单位、传统建筑、铁路遗存等不同空间载体在"特色小镇"发展与保护目标引领下的发展路径，确定碧色寨滇越铁路小镇主要为存量规划。

（二）总体定位

以滇越铁路历史文化为主题，以文化旅游为主导产业，具备宜居、宜游、宜业功能，以云南世界名片的战略定位打造滇越铁路活态博物馆小镇。

（三）发展目标

以滇越铁路文化发掘和展示为引领，发展文化旅游产业，推动碧色寨产业转型，促进休闲文化旅游，带动乡村振兴。通过三年的努力，将碧色寨滇越铁路小镇建设成为产业发展"特而强"、功能集成"聚而合"、建设形态"小而美"、运行机制"新而活"的全省一流特色小镇。

（四）发展思路

通过合理的规划及修缮老旧建筑，唤醒"精神"与"灵魂"，为游客、本地人和居民提供一个依托于当地特色发展而成的独特区域。一个城乡和谐发展的新模式，可推进历史保护地区文化、教育、健康的繁荣复兴。充分挖掘铁路文化、法式文化、商旅文化、乡土文化等资源，以文保建筑、历史传统建筑、历史场所为依托，力求还原碧色寨的历史风貌和生活场景，使游人置身其中仿佛又回到之前繁华的"小香港"。

四、规划策略

（一）资源保护与适度开发相结合

国保单位和历史文化建筑是规划区核心资源，也是不可再生资源，规划区在开发建设中一定要充分保护文化资源，这是坚持可持续发展的必然要求。同时在保护的同时也要合理开发各类资源，将资源转化为产品，逐步开发形成更为完善的产品体系，满足旅游者的需求。

（二）文化资源与文旅产品开发相结合

规划区拥有铁路历史、异国建筑、村寨风情等多类型文化资源，小镇规划应科学、有序地挖掘各类资源内涵，开发传统的文化资源形成观光产品，与建设创新型文旅项目进行整合，形成特色鲜明的文化观光与体验休闲旅游相结合的复合型旅游产品。

（三）产品体系化开发和产业多元融合相结合

转化文旅资源、自然资源为旅游产品，将产品体系化开发，全面提升小镇竞争力。同时进一步坚持产业化发展方向，提质增效，推动旅游产品与其他项目融合发展，为文化产业、旅游产业、农业产业等多元产业综合发展提供支撑，带动当地社会经济快速发展。

（四）创建高等级景区与建设文旅小镇相结合

创建国家 4A 级旅游景区是阶段性目标，最终目标是将规划区建设成为旅游产品与服务功能完善、旅游品牌与市场效益突出的文化观光体验型旅游目的地，因此我们将遵循符合旅游发展的趋势和规律，高起点、高标准规划碧色寨滇越铁路特色小镇。

五、规划手法

（一）产业布局塑造空间格局

以文化传承为导向进行产业选择，在此基础上，对其功能空间进行组织布局。强调产业在激发存量空间活力方面的作用，以旅游产业规划、文旅项目策划引领小镇空间规划（见图 60）。

图60　项目布局图

根据规划范围、资源分布、道路关系等特点，按照点、轴、面布局战略，确定碧色寨发展空间功能布局为"一心引领·一轴联动·一环串联·六区共融"的规划结构。

（二）产业业态影响功能分区

小镇在产业空间布局上打破产业界限，实现一二三产业融合，以"旅游+"的思路进行空间布局。小镇内主要包含旅游+文化板块、旅游+加工板块、旅游+创业板块、旅游+农业板块等。强调功能的复合，产业+社区+旅游，打造宜居、宜业、宜游的活力小镇。

（三）以人为本塑造宜居环境

体现人文关怀，通过生态保护、文脉传承及空间尺度的把握，营造真正的人性化空间。

（四）特色要素构建

1. 突出特色

打造在全国乃至世界范围内独一无二、不可复制的特色，避免盲目模仿、千镇一面。

2. 产业建镇

聚焦八大重点产业和打造"三张牌"，加快特色产业聚集，细分产业领域，培育产业的新模式、新业态，促进产业转型升级，带动当地社会经济发展，人民群众增收致富。

3. 生态优美

严守生态保护红线、环境质量底线、资源利用上线管控要求，顺应自然、巧借山水，科学合理规划布局特色小镇的生产、生活、生态空间，打造优美宜人的生态环境。

4. 交通易达

提高特色小镇对外交通联系的通达性和便捷性，组织好特色小镇内部交通，确保特色小镇交通易达、内联外通。

5. 宜居宜业

补齐特色小镇道路、供水、供电、污水、生活垃圾等公共基础设施和教育医疗、商业娱乐、文化体育等公共服务设施方面短板，完善防火、防汛、防涝、抗震等安防设施，建设精品酒店、民宿、特色餐饮等综合配套服务设施，打造宜居宜业的生活环境。

6. 智能智慧

按照智慧城镇建设理念推进特色小镇建设，促进云计算、大数据、物联网、移动互联网、人工智能、区块链等新一代信息技术与特色小镇的深度融合。

7. 成网一体

统筹考虑特色小镇与周边特色小镇、周边景区景点、周边城镇的互联互通、产业选择和功能定位等问题，坚持错位竞争、差异发展，避免产业趋同、同质化竞争。

有机秩序维护意在延续碧色寨千百年的传统文脉，对逐渐退化和消逝的有

（五）有机秩序维护

机秩序进行必要的修复、保护和培育，实现有机秩序在格局、肌理、形制、形式四个层次上的"再平衡"。充分结合现代需求、技术、审美等要求，有所为而有所不为，其最终是为了加强优美环境与慢生活氛围的人居环境差异优势。

（六）现代功能植入

现代功能植入应在尽量减少对现有人居环境有机秩序不利影响的前提下，将公共服务、基础设施、家庭生活空间设施等现代功能巧妙植入、融合。既让村民充分享有与城镇相当的现代文明便利，同时也为城镇来客的长短期驻留提供基础条件。

六、项目突出亮点

（一）多规融合下的技术路线探索

"多规"的差异性体现在不同规划的编制依据不同而自成体系，且不同规划编制的技术标准也存在不一致，因此导致项目的审批和管理中存在相互脱节和矛盾的现象。基于落地性要求，在技术路线上编制包括概念策划、空间规划、项目计划、资金筹划"四划叠加"的综合性方案，规划叠合土规、林规、村规、城规，实现"多规融合"。

（二）多元目标下的内容体系构建

特色小镇的规划内容要求更多元、更复合、更联动，更落地，因此需要通过内容体系的创新来实现规划的多元目标复合。基于落地性要求，本次规划中强调以项目为抓手组织内容体系，从产业、项目到空间再回到项目，以此来实现规划的复合多元目标（见图61、图62）。

七、实施效果

由于本身具有较好的产业基础，小镇采取边实施边运营的模式。2017年，小镇开始施工建设游客接待中心、滇越铁路历史文化区、石头寨历史文化博览区改造、南入口停车场等。2018年，全面投入施工。2019年，小镇核心区建设开始投入运营。

目前，碧色寨品牌效应初见成效，在建设中逐步形成九大业态，其中具有代表性的安南咖啡馆、米轨时光酒馆、梵间人文艺术酒店、会舍过桥米线店等提升了小镇的品质。通过融合特色鲜明的产业形态，注入丰富多彩的产品体系，完善便捷舒适的设施配套，让文化、游憩、生活相得益彰，独特的文化内涵吸引了全国各地及欧美国家的游客，当地百姓实现了产业转型，并极大拉动了农户就业。

实施前鸟瞰实景

实施后VR漫游实景

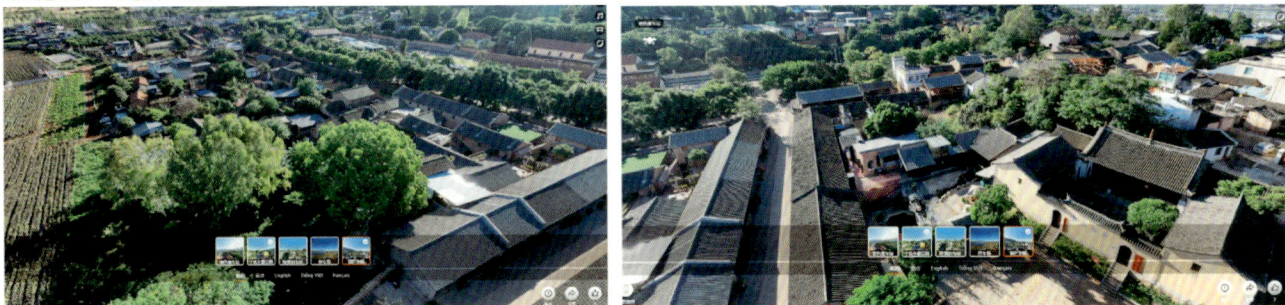

图61　实施前后鸟瞰实景对比

（实施后图片为网图截图，网址：https://720yun.com/vr/f70z44dsnir?s=274486.）

实施前　　**实施后**

寸轨公园

实施前

实施后

菜市街

北正街

南正街

图62　实施前后街巷改造对比

（实施后图片为网图截图，网址：https://720yun.com/vr/f70z44dsnir?s=274486.）

2021

云南文化和旅游规划设计
优秀成果集

德钦梅里雪山小镇规划及建设工程设计

——打造梅里雪山之眼，文旅小镇助力乡村振兴[1]

梅里雪山小镇位于三江并流世界自然遗产腹地德钦飞来寺，是大滇西旅游环线的重要节点，更是中国乃至世界旅游的地理坐标、文化坐标和形象坐标。本项目充分发挥小镇所处的资源及区位优势，研判并利用特色小镇、乡村振兴等相关扶持政策，植入文化、延展空间、完善配套、集约用地、景观塑造、培育高端、丰富业态等措施，有效调动当地居民的积极性，融入小镇建设当中，将德钦梅里雪山小镇打造成梅里雪山之眼、大滇西旅游环线核心节点、西藏旅游东大门、中国旅游小镇与乡村振兴示范。

[1] 编制单位：昆明艺嘉旅游规划设计有限公司
    文稿执笔人：王崇亮、彭志伟、资嬺卿

一、小镇建设综合分析

本规划的编制是在充分研究了迪庆全面融入大滇西旅游环线和建设世界的"香格里拉"等产业发展背景的基础上。在充分对标各级特色小镇创建要求的基础上，完善补充小镇"特色、产业、生态、易达、宜居、智慧、成网"七大要素，规划编制坚守"四条底线"："不触碰生态红线、不占用永久基本农田、不通过政府违规举债来创建、不搞变相房地产开发。"

（一）上位规划衔接

本项目与德钦县生态红线、《德钦县土地利用规划》《德钦县林地保护规划》《德钦县城总体规划修改（2014—2030年）》《三江并流风景名胜区总体规划修改（2005—2020年）》《飞来寺国家森林公园总体规划》《德钦·梅里雪山特色小镇总体规划修编（2019—2025年）》等相关上位规划进行比对衔接，明确项目建设内容符合上位规划相关建设要求及发展定位。

（二）基础分析

1. 综合区位

本项目位于青藏高原南缘横断山脉腹地的雪岭深谷之中，毗邻梅里雪山群山，隔澜沧江与卡瓦格博峰相望，自然风光绮丽壮美；滇藏公路G214线横贯而过，是滇西北自驾进藏路线的必经之地；属于中国藏彝走廊的康巴藏族聚集区，是多元文化共生带上的文化交会与传播的三岔口、重要商道、贸易集散地；也是大滇西旅游环线与中国涉藏地区文化交融合作的重要节点。

2. 场址现状

小镇整体依山就势而建，呈台地状分布，海拔最大高差为85.8米，受地形影响建设用地紧凑，由于前期缺乏系统规划，建筑形式及外观较为杂乱，建筑的建设无序性、随意性强，使得整体景观显得凌乱；住宿、餐饮和商铺等接待服务设施缺少地方特色，当地文化特色元素还需进一步凸显；护坡和自然坡地裸露，缺少相应的景观绿化；电线、给水管、排水沟渠等市政设施裸露，存在安全隐患的同时还影响小镇整体景观。

（三）问题剖析

1. 项目建设需突破的难点

本项目作为观赏日照金山的最佳摄影点和三江并流世界自然遗产保护区中较为稀缺的建设用地，如何有效利用项目有限的建设用地，在合法合规的前提下，争取相关政策扶持，保障景观价值，植入特色产品业态，提升项目接待服务能力，有效保障以村集体为投资开发主体的综合效益是本项目需要突破的重要难点。

2. 项目场址及建筑现状问题

一是由于项目所处位于滇西北，目前可进入方式仅依靠G214公路，大交通客运体系构建尚不完善，待德钦机场和大滇西旅游环线建成完善后可进入性将大大提高；二是由于地处偏远贫困山区，旅游业发展较晚且发展较慢，食、住、游、购、娱等旅游基础服务设施建设有待健全提升，现代化旅游接待服务体系需要在尊重地域原有文化基础上，在对服务人员加强培训、完善服务接待管理体系、提升产品服务质量等方面有所提升；三是目前旅游及产品的开发主要针对的是以雪山观光、高原徒步和房车旅行的游客群体，产品服务结构体系单一，亟待结合大滇西旅游环线和半山酒店项目建设风口以及当下康养旅游、乡村旅游、红色旅游等市场发展趋势来打造面向不同客群的旅游消费项目来丰富市场产品业态和完善基础设施；四是旅游市场化运作不到位，目前市场旅游吸引力主要以梅里雪山和飞来寺景区为主，有待丰富和提升旅游品牌内涵，以项目运营前置的思维，整合和深挖当地自然文化资源以开发和建设旅游项目（见图 63）。

图63　综合现状分析

二、规划思路

（一）规划构思

植入文化，打造活态藏式建筑博物馆。 立足梅里雪山位居中国涉藏地区知名雪山地位，深入挖掘区域滇藏文化，选取中国涉藏地区、尼泊尔地区等藏民居建筑元素，将小镇整体构建成一个活态的藏式风情建筑博物馆。

延展空间，提升小镇观光摄影舒适度。 遴选小镇面向梅里雪山片区的民宿、酒店、餐饮等接待服务设施，通过改造、增设观景露台，提高小镇观光摄影空间及摄影体验舒适度。

集约用地，建设小镇品质商业及观景空间。 以提升小镇土地使用率为目标，统筹区域内建设用地，新建明珠拉卡广场，通过建设雪山倒影池、主题玻璃采光带、梅里雪山主题玻璃景观小品等特色网红景观，在明珠拉卡广场构建梅里雪山小镇最佳观景、休闲空间，将梅里雪山小镇观景效果发挥到极致，结合广场建设配套空间，在有限用地的条件下，增加了雪山小镇文化体验空间和停车场、设备房等基础和服务设施空间；将小镇内面向梅里雪山一侧的房间配套观景阳台，提升游客的住宿观景体验，通过建筑新建，新增超 400 个房间，有效地塑造了小镇商业及观景空间。

培育高端，加快小镇基础和服务设施建设。 以小镇会客厅为导向，对小镇游客服务中心功能进行提升，将游客服务中心打造成小镇酒店体系的综合大堂，通过智慧化手段将小镇打造成一个综合体；将新建观景天堂酒店与小镇游客服务中心连接，打造成小镇最高端的酒店住宿产品；科学布局小镇景观绿化、夜间灯光、旅游厕所、停车场等基础设施。

丰富业态，带动居民增收，助力乡村振兴。植入体验性、参与性产品，丰富摄影、住宿、美食、购物、文化体验等业态，提升二次消费空间；以旅游产业为核心，通过产业项目植入，引导当地居民多种形式参与经营，带动当地百姓增收，助力乡村振兴。

（二）发展定位

遵循产业优先、突出特色、集约发展、以人为本、市场主导等原则，以世界级资源——梅里雪山为支撑，发挥小镇作为摄影观赏梅里雪山最佳视角和感受日照金山最佳场所的资源优势，本着特色为底、文化为魂、产业为本的原则，以旅游产业为核心，突出小镇观光摄影功能，集中国涉藏地区藏域原乡民俗、文化、风情等体验为一体，从视觉传达角度展示滇藏的风俗、民居文化，把藏民族风情体验与雪山观光、文化体验融合，打造窗户里的梅里雪山极致风景，满足摄影专项旅游客源市场及观光客的需要。以小镇综合服务提升梅里雪山世界的香格里拉之魂、大滇西旅游环线、中国乃至世界旅游的地理坐标、文化坐标和形象坐标等地位。将德钦梅里雪山小镇打造成梅里雪山之眼、大滇西旅游环线核心节点、西藏旅游东大门、中国旅游小镇与乡村振兴示范，助力提升梅里雪山世界的香格里拉之魂、大滇西旅游环线、中国乃至世界旅游的地理坐标、文化坐标和形象坐标等地位（见图64）。

图64　全景鸟瞰图

三、业态布局

产业定位——以梅里雪山故事及文化、梅里雪山观光摄影为主导，植入民俗文化，拓展产业链网，推动产业升级。

以满足广大旅游客群的餐饮、住宿、休闲、娱乐需求为出发点，以藏民族传统餐饮、创意美食、休闲小吃为主体，做精"吃"享受，将高端酒店、商务酒店、主题民宿、品质客栈多种生态空间与观梅里雪山融合做优"住"环境，以摄影观光、文化创意为基础，"文旅+"为路径，结合智慧化、智能化手段，做特"娱"体验，推动小镇产业的融合发展，构建集品质住宿、特色餐饮、旅游购物、文艺展演、摄影艺术交流展示、主题集会为一体的文旅产业体系，建成大滇西旅游环线核心节点、西藏旅游东大门、中国旅游小镇与乡村振兴示范（见图65）。

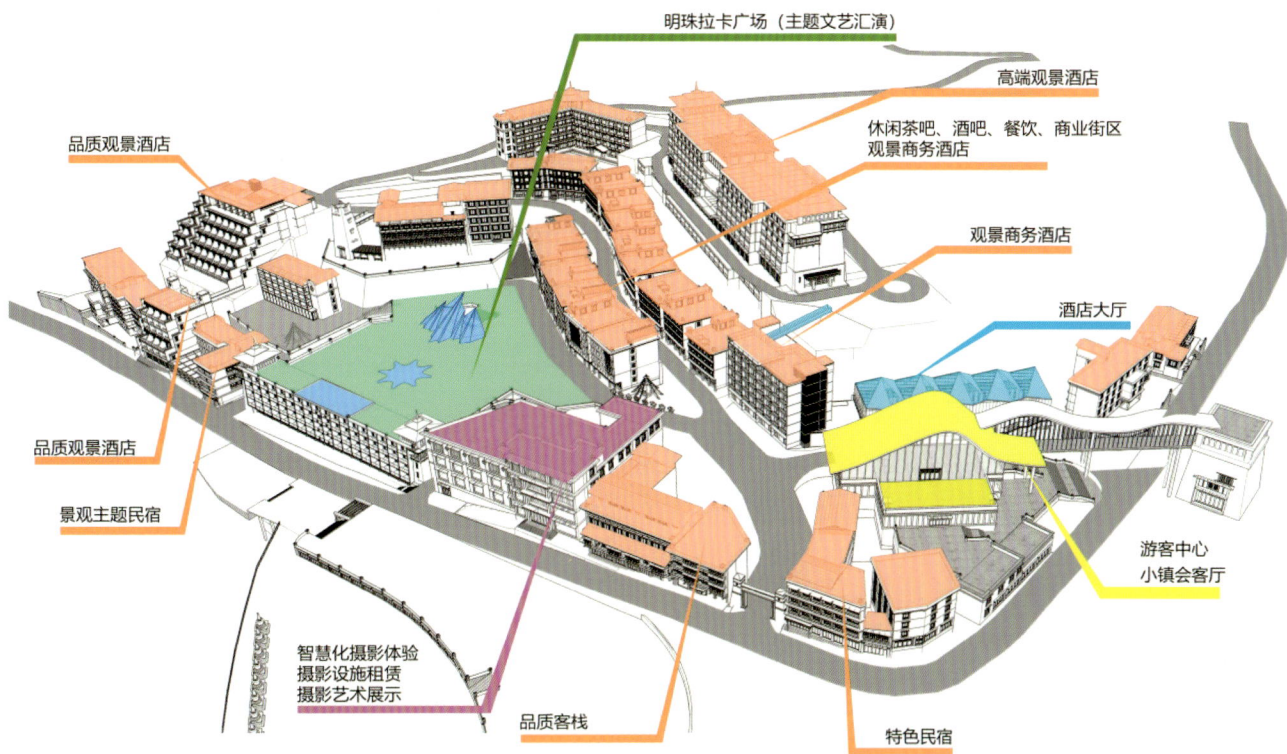

图65　功能业态布局

四、建筑与景观设计

（一）建筑设计

小镇整体建筑新建及改造风格以传统藏式民居建筑为主，建筑着重突出观光摄影功能，在建筑改造方面，通过优化、增加设施，强化了屋顶的观光、摄影、休闲功能、露台的观光、摄影功能，结合碉楼式藏民居设计，将多个建筑连接为一个整体，增加电梯、消防通道功能，提高建筑的完整性与居住的舒适度，从外观视觉传达的角度展示滇藏的风俗、民居的文化（见图66）。

图66　局部改造效果图

（二）景观设计

以高山雪域为脉，肇生态之韵，感藏风之魂。在充分挖掘、分析和提炼梅里雪山小镇规划区的生态景观以及周边的高原雪山风光、藏族民俗文化的基础上，结合特色小镇和生态旅游的建设理念，借助梅里雪山丰富的山地茂林、优越的自然雪域资源、浓厚的藏族文化底蕴，以高山雪域地形为脉络，以模仿自然、雪山摄影、还原藏风为主题，塑造大然去雕饰的自然造景以及原汁原味的藏式建筑，以供旅人领略雪山之景，体验藏族之风，探索静谧之中蕴含的民族之趣。

以游憩节点为核，主次串联有序，动静韵律相宜。结合梅里雪山小镇的山、雪、藏族文化的自然人文纽带联系，运用"曲折迂回、主次有序、动静结合"等设计手法，在重点打造满足自然生态、融合雪域风光、赋含藏族特色的景观的同时，更加注重借助梅里雪山小镇规划区的地形特点，重视游客的旅游体验，将体验式景观与观光性景观主次有序地进行穿插设计，构建一个可观、可感的特色小镇（见图 67）。

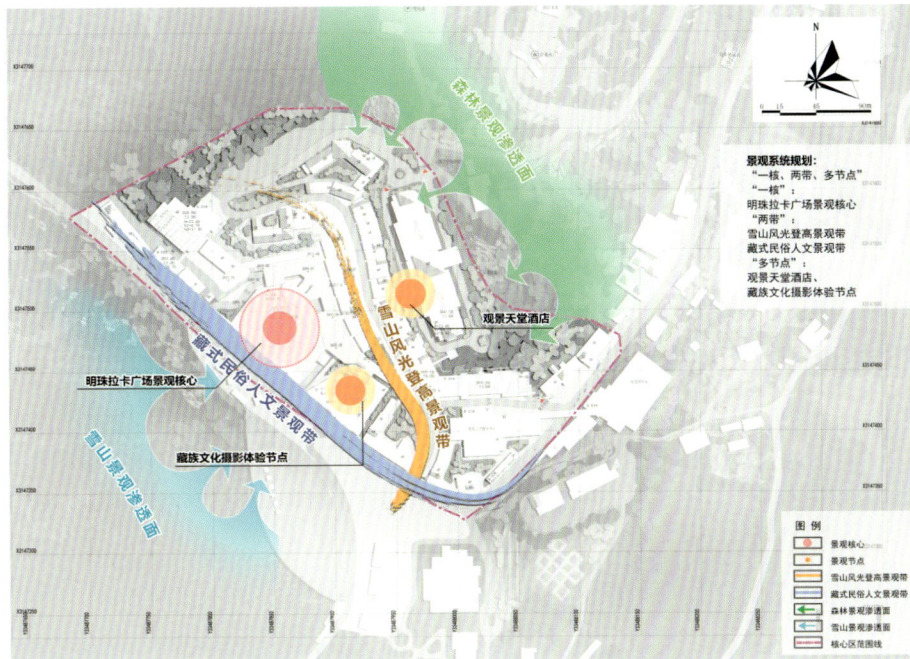

图67 景观系统规划

五、综合效益

（一）开发运营模式

以德钦县旅游文化产业发展开发投资有限公司和德钦县南卡扎熙集体经济农民专业合作社成立的德钦县飞来寺特色小镇开发投资有限公司为开发主体，以"政府＋企业＋合作社＋农户"的形式统筹梅里雪山小镇的建设开发，负责小镇的规划建设、投资开发、经营管理、市场营销。通过完善交通设施，丰富沿途景观风貌、体验内容，以组织经济的形式引导游客有序、全面游览旅游区，有效增加盈利点。部分民宿、娱乐业态产品等项目可引入二级专业开发商开发，收取管理费用。酒店、商业等业态引入专业运营管理公司。在德钦县飞来寺特色小镇开发投资有限公司的基础上，引入专业运营团队以投资入股的形式建设德钦县飞来寺特色小镇管理运营有限公司，对小镇产品、业态、安全、环境、设备、营销、人力等多个方面进行统一管理，通过产品、商铺经营权销售、旅游综合服务费、物业销售及托管、品牌加盟等方式产生盈利及实现利益分配。

（二）综合效益

通过对德钦梅里雪山小镇的建设，可以为当地居民收入提高带来机遇，为产业创新和当地双创平台建设带来机遇，同时也为当地交通、水电等重大基础设施建成和完善带来机遇，为当地居民生产生活方式提高改善带来机遇。实现城乡统筹，推动城乡一体化进程。通过小镇的建设带动政府对市政配套基础设施、公共服务设施、旅游配套设施的建设，提升加强小镇旅游接待能力和旅游品牌的塑造，实现以文旅产业为经济带动核心的文旅小镇。

截至目前，德钦梅里雪山小镇已成功争取到云南省特色小镇奖补资金1.5亿元，项目一期建设工程有序开展。

附件1 获奖名单

2021云南省文化和旅游规划设计优秀成果评选获奖名单

规划名称	编制单位	主要编制人员
一等奖（2项）		
大理市环洱海休闲旅游度假规划（2020—2035年）	云南省设计院集团有限公司	苏涵、师子乾、朱德宝、张云柯、陈鹏、李德强、王春芳、张熙、顾曦、宋雪丽
清水司莫拉佤乡乡村振兴战略规划	浙江大学城乡规划设计研究院有限公司	季薇、王聪、沈海波、金鹏飞、尹玉凤、罗喜全、尹丽姿、吴婧伶、鲁鑫
二等奖（4项）		
安宁温泉旅游度假区控制性详细规划	昆明市规划设计研究院有限公司	李旺胜、杨家本、申峻霞、陈鹏、杨舒婷、陈雪梅、尹倩倩、王群、何媛、李白
云南省怒江傈僳族自治州怒江流域漂流总体规划（2021—2035年）	上海交通大学设计研究总院有限公司	周春晖、徐向丽、朱哲、苏涛、易林春、冒玲玲、南亚培、徐小斐、王雪君
红河"东风韵"小镇艺术IP设计、策划服务	上海奇创旅游集团有限公司	马磊、周文涛、黄慧、栾竹轩、温燕、周海伦
德宏州梁河县全域旅游发展规划	昆明赛莱旅游规划设计有限公司	熊剑峰、欧静、魏玉满、高尔东、徐红、唐锦清、冯雁欣、田素仙
三等奖（8项）		
永胜县程海镇河口村特色景观旅游名村振兴规划（2020—2035年）	云南省城乡规划设计研究院	王蓉、彭桢、达俊文、何蓉、刀认、杨霖霞、李杨洋、赵思法、程静
德宏州芒市回贤村旅游总体规划（2020—2030年）	昆明赛莱旅游规划设计有限公司	熊剑峰、欧静、魏玉满、高尔东、徐红、唐锦清、冯雁欣、田素仙
香格里拉市车厘子农业小镇发展规划	浙江大学城乡规划设计研究院有限公司	季薇、王聪、沈海波、金鹏飞、尹玉凤、罗喜全、尹丽姿、吴婧伶
云南腾冲荷花温泉项目半山酒店度假产品设计	深圳沃思设计咨询有限公司	卢雪磊、李开蒙、赵文昊、黄阳、李伟智、黄宇、周爽、常天伊、甘锦杨、许苏月
维西县永春乡庆福村乡村旅游规划设计	云南省设计院集团有限公司	胡志杰、施炫、肖家巍、蔺思蓓、陈皓、杨刘若男、丁堃、关丹丹、范文军、李天兴
碧色寨滇越铁路小镇发展总体规划及核心区修建性详细规划	云南省城乡规划设计研究院	任洁、张晓洪、孙美静、张青、刘志安、韩璐、李星余、奈良杰、胡圆圆、余智超
德钦梅里雪山小镇规划及建设工程设计	昆明艺嘉旅游规划设计有限公司	王崇亮、资嬿卿、彭志伟、李珍、马尘、赵小桃、高启然、石孟灵、罗本祎、李彦君
个旧悬崖半山酒店概念性规划	上海宿蛙文化旅游发展有限公司	付丛伟、程志超、任奎奎、饶中、王倜、彭淑媛
优秀奖（3项）		
云南省"十四五"时期公共文化服务体系建设规划	云南省文化产业研究会	李炎、于良楠、胡洪斌、王佳、耿达、柯尊清、李雪韵、任潇湘、李蕊、田欣
剑川县"大沙溪"一体化保护与旅游发展规划	中国电建集团昆明勘测设计研究院有限公司	韩兵、刘文琨、熊帼、宋晗瑜、张灼林、唐川、唐荣婕、陈含墨、张燮举、杨清泉
昆明市晋宁区麻大山康养森林公园概念性规划	西南林业大学城市设计院	邱守明、杨君杰、杨少勇、成海、杨晓云、冯艳滨、高宁、任红颖、刘艳梅

附件 2　规划设计单位简介

1. 云南省旅游规划研究院

云南旅游规划研究院（以下简称"研究院"）以"促进云南省旅游产业发展和国际、国内交流的政府智囊、业界智库、学术高地、交流平台"为建院宗旨，主要开展旅游业基础理论、政策和应用研究，负责旅游综合规划与专项规划编制，开展国际、国内旅游学术交流，承担云南省旅游研究学术委员会、云南省旅游智库联合体。研究院为全国旅游规划甲级资质单位。

2. 昆明赛莱旅游规划设计有限公司

昆明赛莱旅游规划设计有限公司是专业致力于规划设计的旅游领域开拓型科研实战机构。在立足云南本土文化的基础上，公司会集国内专业技术精英，业务涉及旅游规划、旅游管理、市场营销、景观设计、生态保护等多个旅游相关行业，涵盖概念性规划、总体规划、控制性详细规划、修建性详细规划等各规划层次，是云南本土新兴的专业性旅游全程咨询服务机构之一。自公司成立以来，全体职工秉承"求实、求真、求专、求精"的实干精神，遵循"专业、专一"的职业素养，奉行"博文睿智，善思笃行"的企业文化，先后完成了一大批各个类型与层次的旅游规划设计任务，得到了业主方的高度认同与赞许。

3. 昆明市规划设计研究院有限公司

1985 年昆明市规划设计研究院成立，是国内首批甲级规划资质综合设计单位；2003 年则成为中国城市规划设计行业中第一家国有企业；2021 年完成公司制改革。自成立以来，立足昆明市，全面介入一个特大城市高速发展的各个阶段，编制昆明各个时期的总体规划，深入开展各地区国土空间总体规划、控制性详细规划、专项规划、村庄规划、修详规等，完成自改革开放初期以来的住宅开发建设规划、昆交会场馆规划、'99 世博会场馆规划等重大项目。

4. 昆明艺嘉旅游规划设计有限公司

昆明艺嘉旅游规划设计有限公司服务范围涵括策划、规划、环境艺术设计及施工、多媒体宣传营销、特色小镇、旅游景区、健康产业的投资开发、运营管理、大交通传媒等多个板块，业务覆盖全国十余省市，在全国已完成策划、规划等项目 800 余个，在行业内形成了前沿的技术优势及核心竞争力，已成为中国旅游全产业链整合开发运营商。

5. 上海交通大学设计研究总院有限公司

上海交通大学设计研究总院有限公司，是上海交通大学优秀科技产业之一，成立于 1985 年，拥有国家建筑行业（建筑工程）甲级设计资质、城乡规划编制甲级资质、风景园林乙级设计资质、文物保护工程勘测设计乙级资质。2003 年通过了（GB/T 19001—2000—ISO—9001/2000）质量管理体系认证，近年承担了大量设计项目并多次荣获国家级、省级奖项，上海交通大学设计研究总院致力于提供务实与创新结合、学术与实践结合、国内与国际互动的全程一体化设计咨询服务。

6. 上海奇创旅游集团有限公司

奇创旅游集团是中国领先的旅游规划设计整体运营服务商，深耕文旅产业发展 17 年，荣获"最佳文旅规划机构""最佳全域旅游规划文创 IP 创新服务商"等荣誉。累计完成全国各地文旅项目两千多个，为政府、开发商、景区提供文旅发展战略咨询、旅游规划设计咨询、文旅项目落地运营等服务，为目的地及文旅项目转型升级注入持续竞争力。

7. 深圳沃思设计咨询有限公司

深圳沃思设计咨询有限公司（VOICEDESIGN）是一家以文商旅为核心的创意赋能机构，是由一支多专业、多层次设计师组成的复合型设计团队，提供从策略研究、规划、建筑、景观设计、IP 大视觉设计制作至现场指导的全程服务，专注为客户提供高品质的设计服务及创意策划的全系统解决方案。我们善于基于对场所精神的独到阐述和对精彩要素的敏锐捕捉，赋予空间以自然、社会、历史、人文之 IP 内涵，搭建精彩场景，定义"向往美好的生活方式"。同时结合所在区域的市场属性及业主本身的企业特性，打造独特的、受市场欢迎的创新产品。

8. 西南林业大学城市设计院

西南林业大学城市设计院是西南林业大学举办的下属二级事业单位，具有独立法人资格。拥有林业调查规划设计甲级、旅游规划设计乙级、风景园林工程设计专项乙级、城乡规划编制丙级资质。经营范围包括风景园林规划设计、城乡规划编制、旅游规划设计、林业调查规划设计、环境生态保护与修复规划设计及相关工程咨询服务。为学校相关学科建设提供教、学、研实践及对外交流的平台，为地区城乡建设、生态文明建设等提供技术服务。

9. 云南省城乡规划设计研究院

云南省城乡规划设计研究院成立于 1984 年 3 月，是一家在规划设计界享有较高声誉的大型省级规划设计院，有着全面、专业的设计资质，全力提供云南省城乡规划建设智慧支撑。目前拥有城市规划、建筑工程、市政公用行业道路、风景园林、旅游规划、工程咨询（城市规划、建筑、市政交通）六个甲级资质。

10. 云南省设计院集团有限公司

云南省设计院集团有限公司创建于 1951 年，是国内最早成立的承担民用与工业项目建设的大型综合性勘察设计院之一，是云南省勘察设计行业龙头骨干企业，云南省国资委直接监管的省属国有企业。集团公司资质范围覆盖建筑、市政、轻纺、电力、水利、建材、勘察、节能八大行业。集团公司是国家高新技术企业，在众多科技创新领域具有领先优势，获国家级、部级和省级优秀设计奖 535 项，科技进步类奖项 41 项，参与国家级、省级规范规程编制共 193 项。

11. 云南省文化产业研究会

云南省文化产业研究会是经云南省委宣传部批准，由云南省社科联作为业务主管单位，在云南省民政厅注册成立的社会团体。研究会围绕"学术理论研究、文化交流平台、战略决策咨询"发展定位，在民族文化资源保护传承、文化产业发展、公共文化服务建设、文化和旅游融合发展、乡村振兴等领域，开展相关的理论研究、文化交流、人才培训、战略咨询等服务。累计为各级党委、政府和相关部门、文创园区、文旅企业等提供了 40 多项战略咨询服务。

12. 浙江大学城乡规划设计研究院有限公司

浙江大学城乡规划设计研究院有限公司为浙江大学控股集团全资国有企业，以百年浙大为依托，秉承"求是创新"的精神，致力于"产、学、研、用"四位一体特色发展，拥有城乡规划编制甲级、建筑工程设计甲级、风景园林工程设计甲级以及旅游规划、土地规划、文物保护工程设计、工程咨询等相关设计资质，提供包括研究、策划、规划、设计、咨询以及国际交流、教育培训等综合性服务，是集科研创新与规划实践于一体的国内领先规划设计研究机构。

13. 中国电建集团昆明勘测设计研究院有限公司

中国电建集团昆明勘测设计研究院有限公司是世界五百强企业——中国电力建设集团（股份）有限公司的成员企业。公司拥有工程设计综合甲级、工程勘察综合甲级两项综合资质，城乡规划编制甲级资质及其他四十余项行业、专业和专项资质。并连续十余年入选 ENR"中国工程设计企业 60 强"。主营业务涵盖水务与水利水电、新能源与电力、生态环境治理、城市与交通基础设施、航空港五大领域及相应的工程信息化与智慧化业务，是以规划设计为核心，集勘测设计、工程总承包、投资运营于一体的科技型工程公司。